# 주님과 동행
## 1분 기도

*One-Minute Prayers*

호프 리다 지음 | 김태곤 옮김

One-minute Prayers

**ONE-MINUTE PRAYERS**

Copyright ⓒ 2004 by Harvest House Publishers
Published by Harvest House Publishers
Eugene, Oregon 97402 USA.
www.harvesthousepublishers.com
All rights reserved.

Korean Edition published by Word of Life Press, Seoul, 2006.
Translated and published by permission.
Printed in Korea.

주님과 동행 l분 기도

ⓒ 생명의말씀사 2006

2006년 11월 30일  1판 1쇄  발행
2023년 2월 15일    22쇄  발행

펴낸이 | 김창영
펴낸곳 | 생명의말씀사

등록 | 1962. 1. 10. No.300-1962-1
주소 | 서울시 종로구 경희궁1길 6 (03176)
전화 | 02)738-6555(본사) · 02)3159-7979(영업)
팩스 | 02)739-3824(본사) · 080-022-8585(영업)

기획편집 | 태현주
디자인 | 염혜란
인쇄 | 영진문원
제본 | 다온바인텍

ISBN 89-04-15669-6 (04230)
ISBN 89-04-00130-7 (세트)

저작권자의 허락없이 이 책의 일부 또는 전체를
무단 복제, 전재, 발췌하면 저작권법에 의해 처벌을 받습니다.

# 주님과 동행
1분 기도

*One-Minute Prayers*

주님, 주님의 크신 비전을 깨닫기를 원합니다.
저의 길에 대해 확신을 갖지 못할 때
제 마음을 평안하게 하소서.

## 목차 Contents

- 시작 006

008 목적 *Purpose*

014 은사 *Gifts*

020 인도 *Direction*

026 확신 *Confidence*

032 과거 *The Past*

038 예비 *Preparation*

044 신뢰 *Trust*

050 관점 *Perspective*

056 의지 *Dependence*

062 베풂 *Giving*

068 내려놓기 *Letting go*

072 기도 *Prayer*

078 신실하심 *Faithfulness*

084 축복 *Blessings*

090 기회 *Opportunity*

096 은혜 *Grace*

102 사랑 *Love*

108 추구 *Seeking*

114 믿음 *Faith*

120 미래 *The Future*

126 이적 *Miracles*

132 풍성함 *Abundance*

138 공급 *Provision*

- 완성 144

# 시작

## 착한 일을 시작하셨습니다

자명종이 울릴 때면, 어제의 염려들이 밀려옵니다. 해야 할 일들이 몰려옵니다. 그리고 선택할 것들이 다가섭니다. 무엇을 입을 것인가? 오늘 아침에는 어느 쪽 도로가 덜 막힐까? 차, 주스, 커피 중 어느 것을 마실까? 커피를 마신다면 카페인 없는 커피를 마실까, 우유가 듬뿍 들어간 커피를 마실까?

하루를 시작하기가 언제부터 이토록 복잡해졌나요?

이 물음에 대한 답을 저는 알고 있습니다. 한 가지 결심을 단단히 하고서 아침을 시작했던 때를 저는 기억합니다. 주님과 함께하는 시간으로 시작하려는 결심이었습니다. 주님의 말씀이 길을 평탄케 했습니다. 하루 동안 할 일들의 우선

OneMinutePrayers

순위가 바로 섰습니다. 저는 간단한 선택 사항들로 인해 혼란에 빠지지 않고 중요한 일에 착수할 수 있었습니다. 주님, 오늘 하루도 그렇게 시작하게 해주소서. 주님의 임재로 말미암아 올바른 방향이 잡힙니다. 저는 준비가 되어 있습니다. 확신합니다. 왜냐하면 주님이 제 속에 착한 일을 시작하셨고, 그 일이 이루어질 때까지 저와 동행하실 것이기 때문입니다.

간구할 때마다 너희 무리를 위하여 기쁨으로 항상 간구함은 첫날부터 이제까지 복음에서 너희가 교제함을 인함이라 너희 속에 착한 일을 시작하신 이가 그리스도 예수의 날까지 이루실 줄을 우리가 확신하노라 _빌립보서 1:4-6

*Purpose*

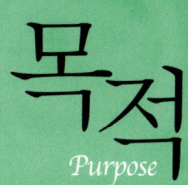

# 목적
*Purpose*

사람의 마음에는 많은 계획이 있어도 오직 여호와의 뜻이 완전히 서리라
_잠언 19:21

## 하나님의 계획을 따르게 하소서

주님, '할 일은 너무 많고, 시간은 너무 적습니다.' 라고 불평했던 적이 참 많았습니다. 이런 넋두리와 함께 해야 할 일을 회피하는 일이 많았습니다. 주님, 우리 인생이 이득과 성공을 위한 계획으로 그토록 분주해야 하는지요? 세상은 그렇다고 합니다. 하나님 아버지, 자기 생각에 중심을 둔 계획들을 뿌리치게 해주시기 원합니다. 저와 제 시간과 제 돈과 제 일과 제 가족과 저의 오늘에 대한 주님의 뜻을 보여주십시오.

분주함에 빠진 저의 영혼을 고쳐 주시기 원합니다. 주님의 계획에 맞는 모습으로 변화시키소서. 반드시 해야 할 일을 할 수 없을 정도로 분주해지지 않도록 도와주소서. 주님은 제 삶의 목적을 지니고 계십니다.

# 교회 안에서 나의 목적

주님, 교우들과 더불어 한마음을 품도록 도우소서. 고통당하는 이들을 긍휼히 여기게 하소서. 주님이 주시는 사랑으로 사람들을 대하게 하소서. 주님의 자녀들과 기꺼이 협력하는 심령을 갖게 하소서.

사람들이 모이는 곳마다 주님의 모습이 드러나길 기대합니다. 우리의 다양한 모습들이 주님의 은혜로 말미암아 조화를 이룹니다. 때로는 각자의 개성들을 인정하기가 너무나 힘듭니다. 그것들이 우리를 심란하게 합니다. 그로 인해 우리가 사람들을 함부로 판단하거나 배제시키기도 합니다. 사람을 전인적 존재로 보게 하소서. 하나님의 육체적이고 지적인 그리고 영적인 자녀로 보게 하소서. 저의 행위가 주님의 목적을 향해 나아가는 그리스도의 몸된 교회에 늘 도움이 되며 훼방이 되지 않기를 간절히 바랍니다.

그러므로 그리스도 안에 무슨 권면이나 사랑에 무슨 위로나 성령의 무슨 교제나 긍휼이나 자비가 있거든 마음을 같이하여 같은 사랑을 가지고 뜻을 합하며 한 마음을 품어 _빌립보서 2:1-2

우리가 알거니와 하나님을 사랑하는 자 곧 그 뜻대로 부르심을 입은 자들에게는 모든 것이 합력하여 선을 이루느니라 _로마서 8:28

## 하나님의 역사하심

주님, 근래에는 합력하여 선을 이루는 것 같은 일들이 많지 않습니다. 불평이 아니라 있는 그대로를 언급하고 있을 뿐입니다. 물론, 저는 주님처럼 멀리 내다보지는 못합니다. 그리고 어떤 상황들은 단지 제 마음에 들지 않았을 뿐입니다. 다시 돌아보면, 그 상황들이 저의 성공과는 무관했지만 다른 누군가에게는 유익했습니다. 주님, 제가 처신을 잘했는지요?

주님의 크신 비전을 깨닫기를 원합니다. 실망스런 사건과 결과들을 주님의 관점에서 볼 수 있도록 도와주소서. 제가 주님의 계획에 대한 증거를 보지 못할 때 주님의 사랑을 확신하며 안심하게 하소서. 저의 길에 대해 확신을 갖지 못할 때 제 마음을 평안하게 하소서. 한 걸음 한 걸음 계속 내딛겠습니다. 저는 선한 일을 위해 부르심을 받았기 때문입니다.

## 다음에 할 일은?

주님, 지금 멈추지 마소서. 저의 삶을 향한 주님의 비전을 이제야 알겠습니다. 그 동안 다소 시일이 걸렸고 실수도 많이 저질렀지만, 저는 주님의 목적을 받아들일 마음이 있습니다. 이제 주님, 무엇을 하기 원하십니까? 지난 세월 동안 입증된 주님의 인내는, 주님이 시작하신 일을 결코 포기하지 않으심을 보여주셨습니다. 저를 다음 단계로 이끄소서.

다른 사람들의 말이나 저 자신의 부정적인 생각에 귀기울일 때, 포기하고 싶은 유혹을 받습니다. 하지만 주님의 사랑의 힘 때문에 계속 나아갑니다. 그리고 전진할 때마다 제 발걸음은 더욱 확고해집니다. 주님이 함께하실 것을 확신합니다. 저는 주님의 본을 따르겠습니다. 제가 다음에 할 일은 무엇입니까?

여호와께서 내게 관계된 것을 완전케 하실지라 여호와여 주의 인자하심이 영원하오니 주의 손으로 지으신 것을 버리지 마옵소서 _시편 138:8

Gifts

우리에게 주신 은혜대로 받은 은사가 각각 다르니 혹 예언이면 믿음의 분수대로, 혹 섬기는 일이면 섬기는 일로, 혹 가르치는 자면 가르치는 일로, 혹 권위하는 자면 권위하는 일로, 구제하는 자는 성실함으로, 다스리는 자는 부지런함으로, 긍휼을 베푸는 자는 즐거움으로 할 것이니라 _로마서 12:6-8

## 하나님의 은혜대로

주님, 제게 어떤 은사를 주셨습니까? 주님 안에서 지닌 잠재력을 알지 못해 삶을 허비하는 일이 없길 원합니다. 주님의 말씀을 보다 깊이 깨닫고 싶습니다. 주님이 다양한 영적 은사들을 통해 계시하시는 모습을 이해하기 원합니다. 주님을 따르며 자신의 은사를 적극적으로 발휘했던 성경 인물들의 삶을 탐구하고 싶습니다.

주님께 받은 은혜를 따라, 제가 풍성한 삶을 살 수 있습니다. 풍성하신 주님의 선하심을 다른 이들과 함께 나누겠습니다. 제 심령 속에서 행하시는 주님의 일에 세심한 주의를 기울이도록 도와주소서. 주님이 주신 은사들을 보고 깨달으며 또한 발전시키길 원합니다.

# 한 성령, 다양한 은사들

주님, 너무나 큰 주님의 사랑이 놀랍습니다. 그 큰 사랑으로 인하여 주님의 자녀들 각자를 독특하고 특별하며 또한 이적적인 존재로 지으셨습니다. 우리의 차이점은 신체적 특성이나 언어에서만 나타나는 것이 아니라, 다양한 은사들에 의해서도 구분됩니다. 이 은사들은 모두 한 성령으로부터 비롯됩니다.

때로 저의 약함이 다른 이의 강점이 되며, 제게 확실한 것이 다른 사람의 길을 가로막는 장애물입니다. 주님은 우리를 서로 협력하도록 지으셨습니다. 다른 이들의 은사를 인정하게 하소서. 저는 만나는 이들로 하여금 최선을 다하도록 격려하고 싶습니다. 주님, 가족과 동료와 친구들을 격려하도록 제 입술을 이끄소서.

은사는 여러 가지나 성령은 같고 직임은 여러 가지나 주는 같으며 또 역사는 여러 가지나 모든 것을 모든 사람 가운데서 역사하시는 하나님은 같으니 _고린도전서 12:4-6

예수께서 눈을 들어 부자들이 연보 궤에 헌금 넣는 것을 보시고 또 어떤 가난한 과부의 두 렙돈 넣는 것을 보시고 가라사대 내가 참으로 너희에게 말하노니 이 가난한 과부가 모든 사람보다 많이 넣었도다 저들은 그 풍족한 중에서 헌금을 넣었거니와 이 과부는 그 구차한 중에서 자기의 있는 바 생활비 전부를 넣었느니라 하시니라 _누가복음 21:1-4

## 내게 있는 모든 것

받은 축복을 움켜쥐고만 있는 저를 용서하소서. 저는 헌금에 너무 인색합니다. 심지어 헌금이 어떻게 사용되는지에 대해 의문을 제기합니다. 마치 그것에 따라 헌금을 결정하려는 듯한 태도를 갖습니다. 그러면서 헌금이 희생 행위임을 망각하기도 합니다. 헌금은 조건 없는 봉헌이며, 주님의 은혜에 대한 감사의 표현입니다.

주님, 망설이고 싶지 않습니다. 손을 내밀어 아낌없이 도움과 축복을 주며 헌신하길 원합니다. 주님께 드리는 것을 계산하거나 조절하지 않도록 도우소서. 헌금한 것을 기억하지 않길 원합니다. 주님의 구원의 선물로 인하여, 제게 있는 모든 것을 매순간 드리길 소원합니다.

# 나의 예물을 받으소서

제 마음의 보고를 열어 왕이신 주님께 드릴 예물을 찾습니다. 저의 예물은 매일 주님을 섬기는 저의 예배 방식에 나타납니다. 가족을 향한 사랑, 다른 이들에 대한 친절, 궁핍한 처지에 놓인 자를 위한 도움의 손길, 장래에 대한 믿음, 의혹을 극복하는 신뢰. 주님, 이들을 주님께 대한 저의 깊은 사랑의 표현으로 받으소서.

주님, 주님 앞에 엎드립니다. 주님의 은혜가 저의 단순한 예물들을 귀중한 황금과 값비싼 유향과 몰약으로 변화시킵니다. 저의 예물을 다른 이들에게 줌으로써 주님을 섬길 기회를 포착하도록 도우소서. 또한 저로 하여금 다른 사람의 소중한 마음의 선물을 받아들이게 하소서.

집에 들어가 아기와 그 모친 마리아의 함께 있는 것을 보고 엎드려 아기께 경배하고 보배합을 열어 황금과 유향과 몰약을 예물로 드리니라 _마태복음 2:11

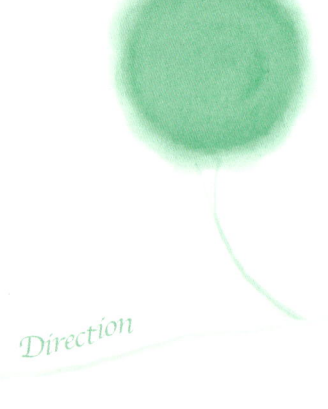

*Direction*

# 인도
*Direction*

너희 하나님 여호와께서 너희에게 명하신 모든 도를 행하라 그리하면 너희가 삶을 얻고 복을 얻어서 너희의 얻은 땅에서 너희의 날이 장구하리라 _신명기 5:33

# 인도를 따르겠습니다

주님, 주님이 보시면 저의 일상 생활이 복잡하게 얽힌 거미집과 같을 것입니다. 여기로 갔다 저기로 갔다 다시 뒤돌아서는 등, 제가 계획한 삶을 유지하기 위해 같은 자리를 거듭 맴돌며 많은 날들을 허비했습니다. 저를 위해 주님이 계획하신 삶으로 이끄소서. 엉킨 가닥들을 푸시고 주님이 계획하신 길로 엮어 주시기 원합니다.

이 일을 위해 주님의 인도하심을 간구합니다. 제가 길을 잃고 방황할 때, 주님의 인도하심을 구함으로 제 발걸음이 만들 아름다운 족적을 명심하게 하소서. 주님, 주님의 명령을 따를 수 있는 통찰력을 주소서. 참된 삶으로 인도하소서.

# 자연을 이끄시는 능력

주님, 주님의 손이 자연의 춤을 안무합니다. 주님은 바다에서 넘실대는 파도의 리듬을 지휘하십니다. 주님의 말씀이 구름을 명하여 메마른 땅에 비를 내리게 합니다. 모든 자연력이 주님의 지시에 따릅니다. 그런데 어찌 제가 주님의 뜻에 도전하겠습니까? 거센 폭풍과 지평선 너머로 사라지는 태양만 보아도 주님이 모든 생명체들을 다스리심을 알 수 있습니다.

저의 삶도 창조의 아름다움을 반영할 수 있습니다. 그러자면 먼저 주님이 안무하시는 춤에다 저 자신을 맡겨야 합니다. 온전한 기쁨으로 뛰게 하소서. 엎드려 경배함으로 주님의 은혜를 높이게 하소서. 또한 하늘을 향해 팔을 뻗고서, 주님이 내려 주시는 자애로운 명령을 기꺼이 받아들이게 하소서.

그가 습기로 빽빽한 구름 위에 실으시고 번개 빛의 구름을 널리 펴신즉 구름이 인도하시는 대로 두루 행하나니 이는 무릇 그의 명하시는 것을 세계 상에 이루려 함이라 _욥기 37:11-12

주께서 너희 마음을 인도하여 하나님의 사랑과 그리스도의 인내에 들어가게 하시기를 원하노라 _데살로니가후서 3:5

# 하나님의 사랑 안에 들어감

주님, 제가 주님께 대항해 왔음을 고백합니다. 주님이 저를 이끌려고 하실 때, 저는 완고하게 거부합니다. 허접한 목표들이 저를 현혹합니다. 저는 순간순간 주님의 계획을 망각합니다. 제게 일관된 마음을 주소서. 저의 믿음과 신뢰가 한결같도록 하소서.

시종일관 주님이 원하시는 길을 가게 하소서. 거짓 신들이나 기만적인 음성에 미혹되지 않게 하소서. 제 마음과 씨름하고 싶지 않습니다. 제 마음은 주님께 속한 것입니다. 주님, 제 마음을 붙드소서. 제 삶 속에서 고동치는 주님의 사랑을 멈추게 하고 싶지 않습니다.

# 부모의 훈계

"난로를 건드리지 말아라." "길 좌우를 살피거라." "동생을 때리지 말아라." "미안하다고 말해라." 주님, 아이 때 부모님으로부터 받은 훈계들이 저의 영적 성장을 위한 교훈이 되었습니다. 인과 개념을 체득하게 했습니다. 부모님의 인도가 결국 보호와 배려를 위함이었음을 깨달았습니다.

어릴 적부터 주님의 명령 속에서도 이 같은 진리를 엿보았습니다. 주님이 제 걸음을 인도하시는 것은 저를 사랑하시기 때문입니다. 저의 계획을 추진하기 전에 주님을 바라봅니다. 약속을 하기 전에 주님의 허락을 기다립니다. 너무 앞서 달림으로써 주님의 음성이 희미해진 듯할 때에도 주님의 말씀이 제 길을 비춥니다. 주님, 주님의 인도하심에 늘 유의하길 원합니다. 저를 올바른 삶으로 인도하소서.

내 아들아 네 아비의 명령을 지키며 네 어미의 법을 떠나지 말고……그것이 너의 다닐 때에 너를 인도하며 _잠언 6:20, 22

*Confidence*

# 확신
*Confidence*

너는 창졸간의 두려움이나 악인의 멸망이 임할 때나 두려워하지 말라 대저 여호와는 너의 의지할 자이시라 네 발을 지켜 걸리지 않게 하시리라
_잠언 3:25-26

## 주님의 보호를 확신함

주님, 세상은 통제 불능인 것 같습니다. 뉴스를 볼 수가 없습니다. 파멸과 폭력, 재난에 대한 두려움이 제 마음을 파고듭니다. 심장이 두근거려서 잠을 이루지 못합니다. 하루의 일과가 끝났지만 염려와 불안에 사로잡힙니다. 주님, 주님을 온전히 신뢰하도록 인도하소서. 주님이 주시는 평안을 갈망합니다.

주님을 바라볼 때, 평화가 찾아옵니다. 제 마음에 새겨진 위험 목록을 확신의 말들로 바꿔 주소서. 제 삶의 모든 상황에 미치는 주님의 손길을 증거하게 하소서. 저의 산만한 염려들을 기도로 바꿔 주소서. 세상이 고통스러워하고 있는데, 저 혼자만 주님의 보호 가운데서 안주할 수 없습니다. 저로 하여금 주님의 사랑을 본받아 고통당하는 이들에게 공감과 긍휼을 표현하며, 또한 "주의 뜻이 이루어지이다."라고 기도하게 하소서.

# 항상 나의 소망이신 주

주님, 주님을 개인적으로 처음 알게 되었을 때, 저는 담대한 소망을 실감했습니다. 주님의 능력을 확고히 믿었습니다. 새 신자를 볼 때, 저는 그 감격을 다시 느낍니다. 주님, 이 같은 확신을 회복시키소서. 제가 주님의 지혜로우신 말씀으로 돌이키며 주님의 안전한 약속으로 제 삶을 채우겠습니다.

주님, 제게 베푸신 주님의 능력으로 인해 감사드립니다. 제가 한때 감지했던 자그마한 기회의 창문들이 이제는 넓게 열린 문이 되었습니다. 주님을 신뢰할 때 모든 것이 나아집니다. 주님의 견고하신 계획으로 제 삶을 강화시키소서. 제 소망을 주님께 두오니 신앙의 초창기 때처럼 저를 담대하게 하소서.

주 여호와여 주는 나의 소망이시요 나의 어릴 때부터 의지시라 _시편 71:5

그를 향하여 우리의 가진 바 담대한 것이 이것이니 그의 뜻대로 무엇을 구하면 들으심이라 _요한일서 5:14

## 기도를 들으시는 주님

주님, 기도를 들어주셔서 감사합니다. 주님은 저의 마음의 생각과 영혼의 갈망들을 들으십니다. 저의 모든 것을 들어주기로 약속한 이는 주님 외에는 아무도 없습니다. 가장 불안한 순간에도, 저는 주님께 간구합니다. 친구들이라면 심각하게 여기지 않을 염려들에도 저는 괴롭습니다. 매일의 대화 과정에서, 저는 터무니없어 보이는 두려움을 느낍니다. 그러나, 주님이 귀를 기울이십니다.

창조주 앞에서 연약해지는 것은 은혜입니다. 주님은 저의 주인이시기에, 아무리 간단한 문제가 생겨도 그것을 들고 주님께 나아갈 수 있습니다. 주님의 자녀로서, 주님의 뜻과 주님의 응답을 간구합니다. 주님은 저의 아버지로서 귀를 기울이십니다.

# 부끄럽지 않도록

주님, 저를 정결케 하소서. 저의 죄악된 길이 교만을 쌓으며, 돈과 신분과 성공이라는 우상들을 숭배하게 합니다. 저의 허물과 결함을 숨기려 했지만, 그것은 거짓된 삶입니다. 저는 주님이 설계해 주신 삶을 원합니다. 그것은 흠없고 정결하며 존귀한 삶입니다.

주님이 저를 위한 목적을 실행하시는 동안에는, 제가 결코 교만할 수 없습니다. 주님은 저의 확신의 근원이시며, 제 삶 속에서 드러나는 모든 선한 일의 주인이십니다. 저의 수치를 제거하시고 제 상처를 치유하시며 또한 저를 온전케 하시는 주님의 은혜를 찬양하길 원합니다.

자녀들아 이제 그 안에 거하라 이는 주께서 나타내신 바 되면 그의 강림하실 때에 우리로 담대함을 얻어 그 앞에서 부끄럽지 않게 하려 함이라
_요한일서 2:28

*The Past*

옛적에 선지자들로 여러 부분과 여러 모양으로 우리 조상들에게 말씀하신 하나님이 이 모든 날 마지막에 아들로 우리에게 말씀하셨으니 이 아들을 만유의 후사로 세우시고 또 저로 말미암아 모든 세계를 지으셨느니라 _히브리서 1:1-2

## 하나님과의 교제

주님은 태초부터 교제 계획을 세우셨습니다. 주님은 주님의 자녀들이 주님의 음성을 들을 필요가 있음을 알고 계셨습니다. 분주하게 살아가는 오늘날에도, 저는 주님의 선지자들의 음성에 민감해지길 원합니다.

주님, 주님은 과거와 미래를 아십니다. 주님은 이 세상이 주님의 아들을 필요로 할 것을 아셨습니다. 그 아들은 추잡하고 분주한 삶으로부터 우리를 일깨우는 구주이십니다. 하나님 아버지, 저는 주님을 뵙니다. 주님의 음성을 듣습니다. 그리고 주님의 아들의 권능을 통해 교제할 수 있게 해주신 주님께 감사드립니다.

# 소망

주님, 주님의 말씀 속에서 발견되는 지혜의 교훈들이 오늘 제 삶에도 적용됩니다. 그토록 오래 전에 기록된 말씀을 통해 깨닫는 신선한 소망을 인하여 감사드립니다. 저를 감동시키는 성경 말씀이 너무나 놀랍습니다. 어떤 이들은 그것을 내팽개치지만, 그것은 주님의 진리를 깨닫지 못해서입니다.

주님은 주님의 자녀를 세심하게 배려하시는 까닭에, 격려와 훈계의 자원을 무한히 마련하셨습니다. 주님, 성경의 교훈을 굳건히 붙들도록 도우소서. 성경의 교훈대로 실행할 수 있는 기회를 허락하소서. 주님의 사랑과 주님의 길을 적극적으로 따르길 원합니다.

무엇이든지 전에 기록한 바는 우리의 교훈을 위하여 기록된 것이니 우리로 하여금 인내로 또는 성경의 안위로 소망을 가지게 함이니라 _로마서 15:4

겨울도 지나고 비도 그쳤고 지면에는 꽃이 피고 새의 노래할 때가 이르렀는데 반구의 소리가 우리 땅에 들리는구나 _아가 2:11-12

## 비가 그치다

주님, 과거에 역경과 고통의 날들이 비가 되어 내렸습니다. 제가 세운 기초를 허무는 폭풍이 있었습니다. 물질과 사람들의 힘에 두었던 저의 소망을 홍수가 쓸어갔습니다. 남은 것은 퇴색해 버린 낙심의 땅뿐이었습니다. 하지만 그것은 과거의 일입니다. 그때에는 미래를 내다볼 수 없었습니다.

이제 땅에서 꽃들이 피어납니다. 그것들이 주님의 신실하심을 노래합니다. 주님, 저에게 새로운 계절이 돌아왔습니다. 옛 슬픔이 사라지고 미래의 소망과 꿈이 강렬해집니다. 주님, 이처럼 날마다 주님이 저를 새롭게 하십니다. 저는 지난날의 빗줄기들을 감사히 여깁니다. 왜냐하면 그로 인해 제 영혼이 축복을 받을 준비를 갖추었기 때문입니다.

# 전진

주님, 과거에서 벗어나기 원합니다. 너무 많은 시간을 과거에 얽매여 허비했습니다. 좋았던 지난날들이 마음을 사로잡는 까닭에 오늘의 놀라운 기쁨을 놓치고 맙니다. 주님, 현재로 돌아가기 원합니다. 제 앞에 놓인 삶에 관심을 집중하게 하소서. 저의 과거를 주님께 드릴 수는 없습니다. 하지만 오늘은, 현재는 주님께 드릴 것으로 가득합니다.

주님이 새로 행하시는 놀라운 일들을 보게 하소서. 과거에 베푸신 주님의 축복을 기억하되 과거에 집착하지는 말게 하소서. 저는 앞으로 나아가야 합니다. 저의 과거는 미래를 위해 도움이 되며 장차 올 날들의 기초가 됩니다. 이제, 저의 시간과 꿈과 기도를 주님이 저를 위해 계획하신 미래에다 투자하겠습니다.

너희는 이전 일을 기억하지 말며 옛적 일을 생각하지 말라 보라 내가 새 일을 행하리니 이제 나타낼 것이라 너희가 그것을 알지 못하겠느냐 정녕히 내가 광야에 길과 사막에 강을 내리니 _이사야 43:18-19

*Preparation*

예
*Preparation*

주께서 내 원수의 목전에서 내게 상을 베푸시고 _시편 23:5

## 주님의 상에서 먹이심

주님, 대적의 핍박에 직면할 때, 저는 주님이 예비하시는 식탁으로 달려갈 수 있습니다. 주님 곁에 앉아, 주님의 지혜를 마시고, 주님의 진리를 먹습니다. 그리고 만족합니다. 저는 주님의 상에서 구원을 받습니다. 주님의 임재 앞에서 저의 대적들과 근심이 사라집니다.

주님의 상에 앉을 때마다 잔치 음식을 즐깁니다. 식탁을 떠나 일상으로 돌아갈 때, 주님의 선하심이 저를 따릅니다. 저는 주님의 풍성한 사랑으로 가득합니다. 대적의 위협이 두려울 때, 저는 주님의 영원하고 안전한 본향을 생각합니다. 주님이 저를 지키시고 저를 위해 길을 예비하시며 또한 주님의 은혜의 식탁에 제 자리를 마련하실 것을 약속하신다는 사실에, 저는 놀라움을 금치 못합니다. 주님의 임재 가운데로 저를 이끄시니, 저는 복 있는 사람입니다.

# 마음의 허리를 동이고

저는 일상의 요구들에 육체적으로 대비하기 위해 운동을 합니다. 하지만 주님, 영적 생활의 요구들을 위해서도 제 마음과 생각을 준비할 필요가 있습니다. 제가 주님의 말씀을 읽고 그 교훈에 유의하지만, 아직도 매우 연약함을 고백합니다. 시련에 마주치면 주님의 크신 권능보다는 저 자신의 힘을 의지하려 합니다. 곤경을 극복하게 하시는 주님의 능력에 대한 믿음을 상실했기 때문입니다.

주님, 진정으로 준비를 갖추도록 도우소서. 머리로만 아는 지식을 넘어서는 가슴의 용기가 필요합니다. 제가 연약함을 느낄 때, 주님의 팔에 의지하며 저를 붙드시는 주님을 확신하길 원합니다.

그러므로 너희 마음의 허리를 동이고 근신하여 예수 그리스도의 나타나실 때에 너희에게 가져올 은혜를 온전히 바랄지어다 _베드로전서 1:13

내 아버지 집에 거할 곳이 많도다 그렇지 않으면 너희에게 일렀으리라 내가 너희를 위하여 처소를 예비하러 가노니 가서 너희를 위하여 처소를 예비하면 내가 다시 와서 너희를 내게로 영접하여 나 있는 곳에 너희도 있게 하리라 _요한복음 14:2-3

## 내 방

제 방을 처음 가졌던 때가 생각납니다. 어린 나이였는데도, 저는 각별한 배려를 받고 있음을 느꼈습니다. 주님, 저는 그것을 제 방으로 꾸미기 위해 많은 시간을 할애했습니다. 저를 위해 처소를 예비하신다는 주님의 약속을 읽을 때마다 저는 어릴 적의 그 경험을 생각합니다. 영광스러운 천상에 있는, 저를 위한 처소를 그려 봅니다.

주님이 저를 본향으로 데려가서 그 방을 제시하실 때, 그것은 주님이 제 마음을 얼마나 잘 아시는지를 분명히 보여줄 것입니다. 벽에는 행복이 드리워져 있고, 각종 구조물들은 아름다운 기억들로 짜여져 있으며, 방 전체가 주님의 광채로 빛날 것입니다. 저는 기뻐하며 그리로 달려 들어가서 영원히 주님의 임재 가운데 거할 것입니다. 또한 저는 그 집의 주인이 그 방을 예비하셨음을 알게 될 것입니다. 왜냐하면 저 역시 주님의 것이기 때문입니다.

# 준비된 마음

주님, 주님이 저를 위해 처소를 예비하시듯이, 저도 주님을 위해 처소를 예비하길 원합니다. 주님을 기쁘시게 하는 정한 마음을 제 속에 창조하소서. 그곳이 주님의 처소가 되게 하소서. 하나님, 주님의 약속을 단단히 붙드는 심령을 원합니다. 주님의 뜻을 갈망하는 심령을 원합니다.

제 영혼이 주님의 말씀을 보유하고 지키는 요새이길 원합니다. 주님의 집으로 불리기에 합당한 성전을 설계해 주소서. 매일의 삶 속에서, 제 안에 거하시는 분을 생각하겠습니다. 정결하고 올바른 것들로 제 마음을 채우소서. 그리하여 제 마음이 우상들에게 향하지 않고 오직 주님만을 위해 예비되게 하소서.

하나님이여 내 속에 정한 마음을 창조하시고 내 안에 정직한 영을 새롭게 하소서 _시편 51:10

# 신뢰
## Trust

너는 귀를 기울여 지혜 있는 자의 말씀을 들으며 내 지식에 마음을 둘지어다 이것을 네 속에 보존하며 네 입술에 있게 함이 아름다우니라 내가 너로 여호와를 의뢰하게 하려 하여 이것을 오늘 특별히 네게 알게 하였노니 _잠언 22:17-19

## 주님을 의지함

주님, 주님께 대한 신뢰가 모든 것을 변화시킵니다. 저는 과거의 실패에 연연하지 않을 것이며, 장래의 일들에 매달리지도 않겠습니다. 지금 현재가 제게 가장 소중한 시간이기 때문입니다. 주님을 더욱 잘 섬기기 원합니다. 주님의 길을 더욱 진지하게 추구하도록 도우소서. 주님, 제 생각과 행위가 주님 보시기에 정결하게 하소서. 제가 지혜자의 가르침에 유의하겠습니다.

저는 앞으로의 개선책들을 생각합니다. 저 자신을 포함하여, 격려를 필요로 하는 이들을 찾을 것이며, 주님의 신실하심을 그들에게 전하겠습니다. 주님에 관해 더 많이 배우게 하는 기회들에 유의하겠습니다. 어제 저는 주님의 사랑을 받을 가치가 없다고 자책했습니다. 그러나 오늘 아침에도 해가 떠오른다는 확고한 사실이 주님의 은혜를 증거합니다. 주여, 제가 주님을 신뢰합니다.

# 내가 부를 노래

하나님, 주님은 제게 너무나 좋은 분입니다. 저는 주님과 주님이 하시는 일을 신뢰합니다. 때로 저를 향한 주님의 사랑을 분명히 느낍니다. 슬플 때 자상하신 위로의 말씀을 들었습니다. 감히 요청하지도 못했던 도우심을 받습니다. 더 이상 어쩔 수 없다고 생각했던 그 상황에서 주님의 손길을 봅니다.

주님의 사랑과 선하신 뜻을 신뢰하지 않고서는 인생을 항해할 수 없습니다. 제 행위가 세상 사람들의 귀에 시처럼 되길 소원합니다. 모든 이들이 주님의 사랑과 은총의 노래를 알기 바랍니다. 주님의 선하심을 선포하기 위해 제 목소리를 높입니다. "결코 저를 실망시키지 않는 사랑을 저는 알고 있습니다!" 깨뜨려진 사랑과 빗나간 신뢰만을 아는 세상 사람들에게 제가 이렇게 외칩니다. 주님, 부를 노래를 주시니 감사합니다.

나는 오직 주의 인자하심을 의뢰하였사오니 내 마음은 주의 구원을 기뻐하리이다 내가 여호와를 찬송하리니 이는 나를 후대하심이로다 _시편 13:5-6

여호와여 그러하여도 나는 주께 의지하고 말하기를 주는 내 하나님이시라 하였나이다 _시편 31:14

# 주는 나의 하나님

주님, 모든 상황에서 주님을 찬양하길 원합니다. 어떤 상황에 처하든지, 먼저 주님을 찬양하길 원합니다. 제 생명을 걸고서 주님을 신뢰하기 때문입니다. 제가 하는 모든 일이 이 같은 신뢰를 증거하길 바랍니다. 주위 사람들이 임시 해결책으로 문제를 풀려고 할 때, 저는 확고한 믿음을 견지하겠습니다.

"주는 내 하나님이시라."는 고백을 제가 얼마나 자주 하는지요? 제 행동을 통해 그렇게 고백하는지요? 저의 인간관계들이 이 진리를 반영하는지요? 제 삶의 모든 부분이 이 고백을 반영하길 원합니다. 주님의 평안이 제 염려를 대신할 때, 저는 다른 이들도 그 이유를 알기를 원합니다. 제가 오직 주님만을 신뢰한다는 사실이 만나는 모든 이들에게 분명히 전해지게 하소서. 힘든 일을 당하여 할 말을 잃은 때에도, 그 사실을 크게 외칠 수 있도록 도와주소서.

# 내 영혼을 주님께 맡김

실패할 수 있는 순간에, 주여, 과연 제가 구원의 주를 의지하고 있습니까? 저의 영혼이 조건 없이 주님을 우러러보도록 도와주소서. 이 상황을 통해 도리어 선을 이루실 주님을 신뢰합니다. 저의 본성은 어떤 대가를 치르더라도 창피를 면하려 하지만, 저는 주님이 저를 구원하실 것을 알고 있습니다. 저의 연약성이 주님의 능력을 증거하기 때문입니다. 또한 저의 파탄 상태가 주님의 훈계와 은총을 증거하기 때문입니다.

주님, 저로 하여금 주님을 욕되게 하지 않게 하소서. 이 순간에 주님의 선하심이 비취게 하소서. 인정받거나 명성을 얻는 일에 둔감해지게 하소서. 제 영혼의 제물을 받으소서. 이 희생 제사에는 온전한 신뢰와 감사가 동반될 뿐, 어떤 조건도 붙여지지 않았습니다.

---

여호와여 나의 영혼이 주를 우러러보나이다 나의 하나님이여 내가 주께 의지하였사오니 나로 부끄럽지 않게 하시고 나의 원수로 나를 이기어 개가를 부르지 못하게 하소서 _시편 25:1-2

*Perspective*

# 관점
*Perspective*

지혜는 명철한 자의 앞에 있거늘 미련한 자는 눈을 땅 끝에 두느니라 _잠언 17:24

## 주시할 목표

주님, 때로 저는 저 자신이 추진하는 계획을 불안해 합니다. 시작할 때는 성공을 내다봅니다. 그러지 않다면 다른 길을 택했을 것입니다. 때로는 '이건 어떨까? 저건 어떨까?' 하는 생각에 혼란스럽습니다. 그래서 저도 모르는 사이에 균형 감각을 잃고서 곁길로 빠지기도 합니다.

주님, 주님의 지혜를 주목하기 원합니다. 저는 헛것을 주시하기 시작하면, 합당하고 올바른 것을 분간하지 못합니다. 주님, 저를 인도하소서. 주님의 손을 제 어깨에 얹으시고 저를 이끄소서. 주님의 뜻을 줄곧 주시할 수 있는 분별력을 베푸소서.

# 세상적인 렌즈를 통해

주님, 집 없는 사람의 처량한 눈길이 오늘 제 마음을 사로잡았습니다. 그는 무더위에 지친 눈을 가늘게 뜨고서 저를 물끄러미 쳐다보았습니다. 그가 언제부터 구걸하여 연명해야 했을까 하고 생각했습니다. 그를 기다리는 가족이 있지 않을까요? 그의 상심한 모친이 먼 곳에서 걱정하고 있지 않을까요? 그가 마지막으로 위로를 받은 때는 언제였을까요? 주님, 저는 그의 수척하고 남루한 몰골을 잠시 동안이나마 주님의 눈으로 보았습니다. 제가 본 것은 거지가 아니라 주님의 자녀였습니다.

낙관주의적 세계관은 고통과 가난과 궁핍을 편안한 마음으로 보도록 유도합니다. 하지만 주님, 저는 주님의 관점으로 보기를 소원합니다. 궁핍한 처지에 놓인 아이를 대면할 때 저로 하여금 그 아이의 처지를 공감하게 하소서. 새로운 시각에 따른 책임감이 두려움을 느끼게 합니다. 그러나 저는 남루하고 가난한 심령으로 주님 앞에 서서 주님의 도우심을 간구합니다.

그러므로 우리가 이제부터는 아무 사람도 육체대로 알지 아니하노라 비록 우리가 그리스도도 육체대로 알았으나 이제부터는 이같이 알지 아니하노라 그런즉 누구든지 그리스도 안에 있으면 새로운 피조물이라 이전 것은 지나갔으니 보라 새것이 되었도다 _고린도후서 5:16-17

> 형제들아 나는 아직 내가 잡은 줄로 여기지 아니하고 오직 한 일 즉 뒤에 있는 것은 잊어버리고 앞에 있는 것을 잡으려고 푯대를 향하여 그리스도 예수 안에서 하나님이 위에서 부르신 부름의 상을 위하여 좇아가노라 그러므로 누구든지 우리 온전히 이룬 자들은 이렇게 생각할지니 만일 무슨 일에 너희가 달리 생각하면 하나님이 이것도 너희에게 나타내시리라 _빌립보서 3:13-15

# 앞만 바라봄

주님, 제가 작년에 염려했던 그 일을 주님도 아시지요? 그 염려가 다시 시작되었습니다. 그것은 제 마음의 한구석에 찍힌 얼룩이었지만, 이제 저의 모든 시각을 위협하고 있습니다. 저는 줄곧 그것에 집착하고 있습니다. 이미 끝난 것을 생각하기보다는 앞에 놓인 것을 향해 매진하도록 도와주소서. 경건한 삶의 목표를 향해 달려가길 원합니다.

주님, 제가 소중한 시간을 과거의 문제들에 허비하고 있을 때, 그 점을 분명히 깨닫게 해주소서. 주님이 저를 부르신 것은, 앞으로 나아가게 하기 위함이며, 확신과 목적을 지니고서 영원을 향해 매진하게 하기 위함입니다. 주님, 유한하고 무지한 제 삶을 자유와 비전으로 가득한 주님의 방식으로 바꾸길 원합니다.

# 나를 살피소서

과거의 잘못들을 생각하는 것은 고통스런 일입니다. 여러 가지 죄악들로 인해, 많은 기회를 놓쳤습니다. 하지만 정말 심각한 문제는 주님의 마음을 슬프게 했다는 것입니다. 주님은 그런 식의 결정을 내리는 저를 보고 계셨습니다. 주님은 순종 대신 교만을 택하는 저를 보셨습니다. 저는 저 자신이 아는 것보다 훨씬 더 많이 주님과 저 자신을 실망시켰습니다. 주님은 다 아십니다.

과거의 이 같은 죄악들을 용서해 달라고 간구하자 주님은 용서하셨습니다. 주님, 이제 주님의 길을 가르쳐 주소서. 저의 새 길을 살피셔서 주님 보시기에 거룩하고 기쁜 길이 되게 하소서. 곁길로 빠질 때, 저를 이끄셔서 주님의 뜻으로 돌이키게 하소서. 제가 목표를 잃을 때, 주님의 관점을 보여 주시며 항상 제 마음을 점검하게 하소서.

대저 사람의 길은 여호와의 눈앞에 있나니 그가 그 모든 길을 평탄케 하시느니라 _잠언 5:21

*Dependence*

# 의지
*Dependence*

누구든지 예수를 하나님의 아들이라 시인하면 하나님이 저 안에 거하시고 저도 하나님 안에 거하느니라 하나님이 우리를 사랑하시는 사랑을 우리가 알고 믿었노니 _요한일서 4:15-16

## 의지함으로 얻는 자유

주님, 제게 깊은 사랑을 베푸시는 이는 오직 주님뿐입니다. 저는 도처에서 주님의 임재를 느낍니다. 우리는 창조주와 피조물로서 하나로 연결되어 있습니다. 저는 그리스도를 선물로 받는 복을 얻었습니다. 이로 인해 저의 모든 것이 충족됩니다. 주님의 사랑이 저의 죄악을 가렸습니다. 주님을 의지함으로 제가 영원에 이르는 길과 자유를 얻었습니다.

고통에 처한 사람을 만나면 그에게 주님의 사랑을 알려주기 원합니다. 주님의 도우심 없이 그들이 어떻게 고통을 이겨낼 수 있겠습니까? 축복으로 가득한 삶마저도 때로 장애물에 직면합니다. 주님, 이 다음에 제가 상처를 입고 연약해질 때, 주님의 깊은 은총에 푹 잠기게 하소서. 그럴 때마다, 제 존재를 가득 채우시는 주님의 생기에 의지하길 원합니다.

# 모태에서부터 나를 붙드신 주님

주님, 제가 모태에 있을 때 주님이 거기 계셨습니다. 제가 세상에 나올 때, 주님은 저의 마음과 성격과 삶의 목적을 아셨습니다. 그때 저는 너무나 연약하고 무기력했습니다. 저는 주님의 손길이 매순간 제 삶에 함께하심을 알고 있습니다. 주님과 더불어 개인적인 관계를 맺기 전부터, 저는 온전히 주님께 의존되어 있었습니다.

이제 제가 세상에서 안정된 자리를 잡아서 강한 모습을 보일 수도 있습니다. 하지만 여전히 저는 태어날 때처럼 연약한 존재임을 고백합니다. 주님이 저를 지키시며 구원하신 사실로 인하여 주님을 찬양합니다. 오 주님, 주님의 사랑의 손길이 저의 모든 걸음과 함께하셨고 또 함께하실 것입니다. 제가 주님의 자녀라는 사실이 너무나 기쁩니다.

내가 모태에서부터 주의 붙드신 바 되었으며 내 어미 배에서 주의 취하여 내신 바 되었사오니 나는 항상 주를 찬송하리이다 _시편 71:6

나의 구원과 영광이 하나님께 있음이여 내 힘의 반석과 피난처도 하나님께 있도다 _시편 62:7

## 나의 반석이신 주님

주님, 주님이 제 삶을 두루 살피시나이다. 주님의 임재가 제 대적들을 위협합니다. 환난의 시기에 주님은 저의 피난처이십니다. 불확실한 상황에서, 저는 반석이신 주님께로 피합니다. 저는 새로운 시각으로 폭풍에 맞섭니다. 주님의 권능으로 저의 근심이 깨뜨려지는 것을 봅니다. 저는 두려워할 필요가 없습니다.

주님, 주님은 저의 안전한 처소이십니다. 제가 왜소해질 때 주님의 품에 안깁니다. 주님의 권능에 의지하여 힘을 회복합니다. 주님은 언제나 저의 방패이십니다. 하나님, 주님의 권능을 힘입어 살기를 갈망합니다. 제 삶을 주님이 다스리소서. 주님의 선하심에 기초하여 인내하게 하소서.

# 내 고통을 보소서

주님, 저의 깊은 고통을 보소서. 제가 곤경에 처하여 해결책을 찾느라고 외롭습니다. 불길 하나를 잡으면 또 다른 불길이 일어납니다. 어디서 어떻게 시작해야 할지 모르겠습니다. 그래서 주님의 십자가 앞에 엎드립니다. 주님, 저를 자유케 하소서. 저의 고뇌와 곤경을 제하시고 제 영혼에 은총을 베푸소서.

이 문제들 중 상당수는 주님의 인도하심을 무시한 채 성급하게 내린 결정 탓입니다. 하나님, 저를 용서하소서. 제가 곤경에 처한 것은 이번만이 아닙니다. 주님, 힘을 주소서. 제게 돌이키사 회개하는 제 마음과 눈을 보소서.

주여 나는 외롭고 괴롭사오니 내게 돌이키사 나를 긍휼히 여기소서 내 마음의 근심이 많사오니 나를 곤난에서 끌어내소서 나의 곤고와 환난을 보시고 내 모든 죄를 사하소서 _시편 25:16-18

*Giving*

# 베풂
*Giving*

여호와의 교훈은 정직하여 마음을 기쁘게 하고 _시편 19:8

## 다루기 힘든 종

주님, 어릴 적 저는 무엇을 하라는 얘기를 듣기 싫어했습니다. 허드렛일을 하라는 말을 들으면, 심란해져서 거부하든지 대충대충 했습니다. 지침들은 징벌처럼 느껴졌습니다. 지시받은 일들을 제가 할 수 있다는 것을 알고 있었습니다. 저는 단지 제 방식대로 하길 원했을 뿐입니다. 저는 저 자신이 정한 시간표에 따르려고 했습니다.

주님, 제가 주님의 교훈을 얼마나 자주 거부하였습니까? 어떻게 해야 하는지를 알면서도 그리하였습니다. 저의 계획을 변경하거나 불편해지고 싶지 않습니다. 주님, 제가 거부감을 갖고 있습니다. 복종하는 심령으로 주님의 계명을 따르게 하소서. 예전에도 여러 차례 간구했지만, 지금도 저는 주님의 길을 즐거이 따르기를 갈망합니다.

# 빛을 발함

어떤 이들은 주위를 환하게 합니다. 주님, 가는 곳마다 주님의 광채를 드러내는 그리스도인들을 저는 알고 있습니다. 제 삶도 이처럼 광채를 발하기를 원합니다. 빛을 발하는 법을 알려주소서. 저의 믿음은 주님의 얼굴을 반영하여 빛을 발하도록 연마될 필요가 있습니다.

주님, 행동으로 옮기게 하소서. 무관심의 웅덩이에 빠져 안주하지 않게 하소서. 주님의 빛으로부터 멀어질수록 주님의 뜻을 따르려는 열정에 불을 붙이기가 더 힘들어집니다. 무엇보다도 주님 안에서 다른 이들에게 빛을 비추길 소원합니다. 주님, 빛을 비추도록 도우소서.

하나님이 가라사대 하늘의 궁창에 광명이 있어 주야를 나뉘게 하라 또 그 광명으로 하여 징조와 사시와 일자와 연한이 이루라 또 그 광명이 하늘의 궁창에 있어 땅에 비취라 하시고 _창세기 1:14-15

너는 구제할 때에 오른손의 하는 것을 왼손이 모르게 하여 네 구제함이 은밀하게 하라 은밀한 중에 보시는 너의 아버지가 갚으시리라 _마태복음 6:3-4

# 은밀한 도움

주님, 칭찬을 거부하기가 어렵습니다. 시간이나 돈을 바치고서 사람들의 인정을 받으려 할 때마다 주님의 칭찬으로부터 멀어집니다. 사람들의 인정을 받고 싶어하는 것은 인간적인 마음입니다. 주님이 저를 기뻐하신다는 사실만으로도 충분하지 않습니까? 주님, 무엇보다도 하늘의 칭찬을 사모하게 하소서. 인정받거나 성공을 얻기 위한 가식적인 행위를 멀리하게 하소서.

무엇인가를 베풀 때마다, 저는 저 자신의 것이 아니라 주님의 풍성한 자원을 통해 합니다. 찬사는 주님께 돌려져야 합니다. 주님이 보시는 중에 은밀히 베푸는 축복을 늘 간직하도록 제 마음을 겸손케 하소서. 제가 바라는 유일한 보상은 주님을 기쁘시게 하는 것입니다.

# 주님을 찬양합니다

주님, 찬양합니다. 주님을 찬양할 때 제 심령이 힘을 얻습니다. 그러므로 제 영혼의 노래를 멈출 이유가 없습니다. 얼마 전에, 제 찬양과 노래가 얄팍하고 감정적인 것임을 고백했습니다. 주님, 용서하소서. 즐거운 찬양을 올리는 것이 하찮은 일이 아님을 잊었습니다. 찬양은 주님께 올리는 예물입니다.

저는 너무 오래도록 입을 닫고 있었습니다. 이제 손을 높이 들겠습니다. 천상으로 제 음성을 높이며, 주님께 찬양을 올리겠습니다. 주님은 찬양을 받으시기에 합당하시기 때문입니다. 주님, 제 삶 속에서 행하셨고 또 행하시는 모든 일을 인하여 올리는 감사 찬양을 들으소서. 주님 앞에서 다시는 침묵하지 않겠습니다.

시와 찬미와 신령한 노래들로 서로 화답하며 너희의 마음으로 주께 노래하며 찬송하며 범사에 우리 주 예수 그리스도의 이름으로 항상 아버지 하나님께 감사하며 _에베소서 5:19-20

*Letting Go*

# 내려놓기
*Letting Go*

너희 백성은 배반하며 패역하는 마음이 있어서 이미 배반하고 갔으며 _예레미야 5:23

## 내가 입을 비쭉거립니다

주님, 제 삶을 주님 앞에 내려놓아야 한다는 것을 알면서도 그럴 준비가 되어 있지 않습니다. 주님은 저를 그렇게 하게 하실 수 있지만, 아직은 지켜보기만 하십니다. 이제, 저는 입을 비쭉거립니다. 주님께 맡겨야 할 것을 움켜잡느라고 손가락이 핏기를 잃고 있습니다. 두통에 시달립니다. 제가 언제부터 이토록 힘들어졌나이까?

저는 흔들리고 있습니다. 제 팔이 쇠약해지고 있습니다. 무거운 짐을 느낍니다. 식사라도 하려면 그것을 내려놓아야 합니다. 그 짐을 내려놓아야만 홀가분한 마음으로 무엇인가를 할 수 있겠습니다.

제가 다시 그것을 집어듭니다. 하지만 이번에는 주님께 맡깁니다. 그것을 내려놓음으로 자유로워집니다. 주님, 저는 자유로워지는 쪽을 택합니다. 참고 기다려 주신 주님께 감사드립니다.

# 주여, 나를 가까이하소서

주님, 제게는 복종이 성가신 개념들 중 하나입니다. 그 개념을 생각하면 왠지 위협을 느낍니다. 복종으로 말미암는 안전을 깨달을 수 있도록 도와주시기를 원합니다. 저는 주님의 권세와 주님의 다스림과 주님의 사랑 아래에 있기 원합니다. 스스로 만든 정체성에 얽매이는 저를 용서하소서. 지금까지 제 삶을 스스로 통제하려 한 까닭에, 주님께 맡기기가 부자연스럽습니다.

주님, 복종을 두려워하지 않게 해주소서. 그 두려움이 주님과 저 사이에 벽을 만들었습니다. 부디 가까이 오소서. 스스로 통제하려는 유혹에 저항할 수 있는 힘을 주소서. 하나님의 뜻에 맞는 정체성을 추구하게 하소서.

---

그런즉 너희는 하나님께 순복할지어다 마귀를 대적하라 그리하면 너희를 피하리라 하나님을 가까이하라 그리하면 너희를 가까이하시리라 _야고보서 4:7-8

Prayer

# 기도
*Prayer*

왕의 조상 다윗의 하나님 여호와의 말씀이 내가 네 기도를 들었고 네 눈물을 보았노라 내가 너를 낫게 하리니 _열왕기하 20:5

# 치유를 위한 기도

호의에서 우러난 친구들의 문병을 멀리한 채, 저는 홀로 웁니다. 주님, 주님이 제 눈물을 보십니다. 고통과 혼란으로 인해 제 입술이 듣기 거북한 푸념을 늘어놓지만, 주님은 그것마저 고치십니다. 제 기도가 주님께 도달함으로 효력을 발합니다. 주님의 응답은 완벽합니다. 주님이 저를 사랑하십니다. 주님이 저를 보십니다. 주님이 저의 상처를 치유하실 것입니다.

인생의 경로나 고통에 대해 주님의 자녀들에게 이해시키기가 쉽지 않으실 것입니다. "주여, 어찌하여?"라고 제가 여쭐 때, 주님은 제 곤궁한 처지를 외면하지 않으십니다. 주님이 저를 가까이 붙드시며 주님의 마음을 보여주십니다. 주님도 마음 아파하십니다. 주님이 제 고통을 담당하십니다. 저는 주님의 눈물을 보며 그 눈물이 저를 치유함을 깨닫습니다.

# 자애로우신 주님

주님, 제가 여러 달 동안 둔감하게 지냈습니다. 겉으로는 멀쩡해 보였습니다. 조금도 실수하지 않았습니다. 식료 잡화점의 계산대 앞에 섰지만, 저를 불쌍한 눈으로 보는 사람은 아무도 없었습니다. 상심한 친구에게 위로의 말을 건네며 격려도 해주었습니다. "주님은 자애로우시다."는 그 위로의 말은 사실 저 자신도 수긍하지 못하고 있는 내용입니다.

그러던 제가 긍휼과 자비를 간구했습니다. 주님, 이 기도를 들어주셔서 감사합니다. 제 짐을 주님께 가져갈 용기나 힘이 제게 없었습니다. 저는 병들고 지쳤지만, 주님이 저를 자기 연민의 덫에서 건지셨습니다. 저는 새로운 피조물입니다. 주님이 자비로우심을 제가 고백합니다.

여호와께서 내 간구를 들으셨음이여 여호와께서 내 기도를 받으시리로다
_시편 6:9

낮에는 여호와께서 그 인자함을 베푸시고 밤에는 그 찬송이 내게 있어 생명의 하나님께 기도하리로다 _시편 42:8

## 기도 찬양

주님, 제가 주님을 찬양합니다. 저의 기쁨과 비탄과 감사가 찬양의 심포니를 이룹니다. 고독한 밤중에 찬양하지 않을 수 없습니다. 낮 동안의 염려를 주님께 내려놓습니다. 오늘과 내일을 주님께 맡깁니다. 찬양의 첫 마디가 하늘로 향할 때 두려움이 평안으로 바뀝니다.

주님이 저를 돌보십니다. 그 감미로운 순간에 제 찬양 속에서 주님의 음성을 듣습니다. 주님이 이 찬양으로 밤마다 저를 위로하시며, 저는 주님께 가까이 나아갑니다. 주여, 낮에는 주님의 사랑으로 저를 이끄소서. 밤에는 주님의 멜로디로 저를 자유케 하소서. 주님은 제 삶을 매순간 주관하시는 하나님이십니다.

# 참된 헌신

하나님, 제 속에 기도의 열망을 주소서. 저는 훈련된 제자가 되길 원합니다. 한결같은 평안을 유지하는 심령이길 원합니다. 홀로 조용히 주님의 임재를 준비하길 원합니다. 제 눈으로 주님의 응답을 보게 하소서. 제 삶 속에서 주님의 역사하심을 보며 깨닫길 원합니다.

주님, 제 믿음을 성장시켜 주소서. 매일 주님과의 만남을 통해 주님을 더 잘 알게 되기를 원합니다. 저의 무지가 주님을 아는 지식으로 변하게 하소서. 주님께 대한 헌신이 강렬해지도록 도와주소서. 주님, 기도하는 법을 알려주소서.

기도를 항상 힘쓰고 기도에 감사함으로 깨어 있으라 _골로새서 4:2

*Faithfulness*

# 신실하심
*Faithfulness*

오직 산 자 곧 산 자는 오늘날 내가 하는 것과 같이 주께 감사하며 주의 신실을 아비가 그 자녀에게 알게 하리이다 _이사야 38:19

## 나는 주님의 자녀입니다

주님, 저는 주님의 자녀입니다. 이 정체성에 유의하겠습니다. 때로는 뒤죽박죽인 상태에서 인도를 간구하며, 원래의 계획이 좌절됨으로 인해 한탄하기도 합니다. 하지만 주님은 주님의 자녀의 허우적거리는 모습에 익숙하십니다. 주님은 인내심 많은 부모이십니다. 주님의 말씀과 주님의 사랑을 통해 배우는 교훈이 저의 성장을 돕고 있습니다. 주님이 원하시는 인생의 모습이 보입니다.

어린아이들처럼, 저는 올바른 길을 묻기 전에 여러 방향으로 달음질해 볼 것입니다. 그러다가 인도의 손길을 필요로 할 것입니다. 아이의 행동은 매우 소모적입니다. 그러나 이제는 주님이 저를 들어올리시고 주님의 사랑과 은혜의 약속으로 위로하시므로 제 마음이 안정됩니다. 제게 필요한 것은 신실하신 주님의 보호입니다. 제가 평안해질 때, 제가 처음 주님의 자녀가 되었던 날에 관한 얘기를 듣고 싶습니다.

# 본향으로 가는 길

주님, 주님의 사랑과 신실하심이 교차하는 지점에서 제 삶을 발견했습니다. 여러 해 동안 많이 방황했습니다. 제 영혼이 술책을 도모하는 중에 미심쩍고 좁은 길로 들어섰습니다. 발견한 것은 고통과 시련뿐입니다. 성공과 명성을 갈망했고, 그래서 번지르르한 대로에서 모험을 감행했지만, 실패와 고립에 직면했을 뿐입니다.

그래서 탐욕을 추구하던 일을 멈추고 저의 내면에 귀를 기울였습니다. 앞에 놓인 골목길을 흘끗 쳐다보았을 때 내 얼굴은 생기를 띠게 되었습니다. 길모퉁이에서 주님이 저를 끈기 있게 기다리고 계셨습니다. 저는 주님이 무엇을 약속하시는지를 또는 그 약속이 언제까지 지속될 것인지를 여쭙지 않았습니다. 다만 주님의 눈 속에서 영원한 본향을 보았을 뿐입니다.

긍휼과 진리가 같이 만나고 의와 화평이 서로 입맞추었으며 진리는 땅에서 솟아나고 의는 하늘에서 하감하였도다 _시편 85:10-11

여호와여 주는 나의 하나님이시라 내가 주를 높이고 주의 이름을 찬송하오리니 주는 기사를 옛적의 정하신 뜻대로 성실함과 진실함으로 행하셨음이라 _이사야 25:1

## 흠없고 신실하심

주님, 예전에는 제 삶을 가급적 주님께 맡기지 않으려 했습니다. 그때의 제 모습이 어떠했습니까? 헝클어지고 완고하며 무지했습니다. 그러나 몹시 힘든 일을 당하면, "어떻게 좀 해주세요!" 하고 응답을 구했습니다. 저는 영화 속의 영웅들처럼 용기를 발휘하려 했지만, 사실 제 심령은 "부디, 제 삶을 어떻게 좀 해주세요." 하며 주님께 간구하고 있었습니다.

주님은 도움을 구하는 이 간구를 들어주셨습니다. 언젠가는 제가 주님의 신실하심에 의지하여 하나님의 온전한 자녀로 변화될 것을 아셨기 때문입니다. 주님이 저의 앙칼진 마음을 찬양의 심령으로 바꾸셨습니다. 주님을 찬양합니다. 이미 오래 전에 주님이 저를 위해 놀라운 일들을 계획하셨습니다. 주님의 신실하심이 저를 어디로 인도할 것인지, 너무나 기대됩니다.

# 주님의 피조 세계는 영구합니다

주님, 제 발 아래에 주님의 신실하심에 대한 증거가 있습니다. 주님의 자녀들과 주님의 크신 목적을 위해 주님이 땅을 세우시고 움직이게 하셨습니다. 피조 세계가 주님의 영구한 신실성을 증거합니다. 한 가문의 계보만으로도 주님의 무한하신 사랑을 엿볼 수 있습니다.

저로 하여금 주님의 거룩하심에 관한 이야기를 식구들에게 전하게 하소서. 저의 영적 가족 앞에서 주님을 찬양하게 하소서. 아직 주님을 모르는 이들에게도 주님의 선하심을 전하길 원합니다. 하나님 아버지의 신실하심을 본받는 신실한 자녀가 되길 원합니다.

주의 성실하심은 대대에 이르나이다 주께서 땅을 세우셨으므로 땅이 항상 있사오니 _시편 119:90

Blessings

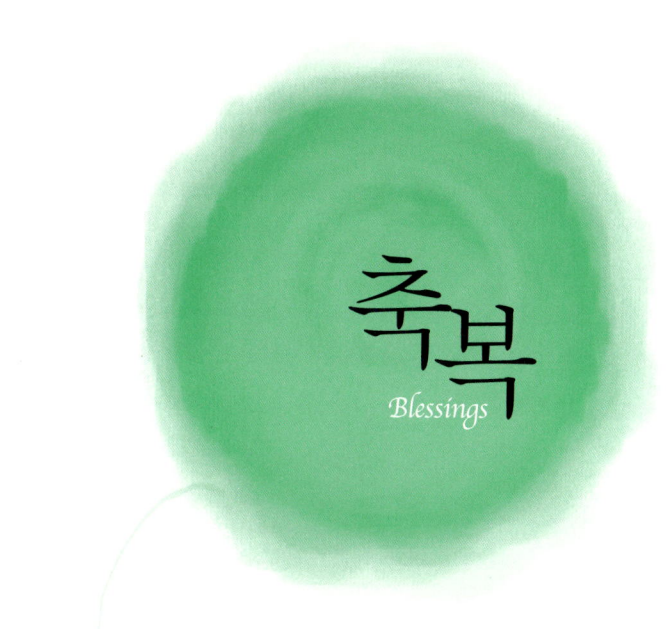

축복
*Blessings*

하나님은 하늘의 이슬과 땅의 기름짐이며 풍성한 곡식과 포도주로 네게 주시기를 원하노라 _창세기 27:28

# 하나님의 축복을 누림

주님, 제게도 나름대로의 장점이 있음을 알겠습니다. 저의 주변 상황과 주위 사람들만 보아도 제가 얼마나 큰 축복을 받았는지를 알 수 있습니다. 왜 제가 제 삶의 불완전한 모습에 이토록 집착하는지 모르겠습니다. '보다 좋은 직업을 가졌으면. 우리 가족의 우애가 좀더 깊었으면. 내 몸매가 TV에 나오는 여자들처럼 좀더 잘 빠졌으면. 내 차가 좀더 신형이었으면. 그리고 TV 광고에 나오는 장치들이 내 차에 모두 부착되어 있었으면 좋을 텐데.' 주님도 아시겠지만, 이 같은 생각들이 모든 축복을 무너뜨리기 시작합니다.

주여, 제 눈을 열어 모든 상황에서 유익한 것을 보게 하소서. 궁핍한 시기에 주님의 풍성하신 은총을 경험하게 하소서. 하늘에서 떨어지는 만나를 자각하도록 도와주소서.

# 은혜를 통한 만족

주님, 주님으로부터 받은 삶이 참으로 큰 축복임을 깨닫습니다. 주님이 저의 필요를 채워 주셨습니다. 주님의 은혜 덕분에 제가 여러 가지 목표들에 도달했습니다. 하고 싶은 일들이 더 많이 있지만, 주님의 때를 기다리는 법을 배웠습니다. 경건한 일들에는 순서가 있습니다. 주님의 우선 순위를 따를 때, 축복 위에 축복이 제게 임합니다.

주님, 제가 출세에 집착할 때 저를 말리소서. 주님으로부터 비롯된 것이 아니라면, 비록 성공인 듯이 보일지라도, 저는 원치 않습니다. 제 마음에서 일어난 열망과 주님의 뜻에 따라 생겨난 열망 간의 차이점을 분별할 수 있게 해주소서. 시기와 비판과 탐욕에서 비롯된 생각들에서 벗어나게 하소서. 저는 오직 주님의 은혜로만 만족하길 원합니다.

우리가 다 그의 충만한 데서 받으니 은혜 위에 은혜러라 _요한복음 1:16

악을 악으로, 욕을 욕으로 갚지 말고 도리어 복을 빌라 이를 위하여 너희가 부르심을 입었으니 이는 복을 유업으로 받게 하려 하심이라 _베드로전서 3:9

## 유업으로 받는 복

주여, 누군가가 제게 상처를 줄 때 저는 그를 축복하기보다는 악감을 품기가 쉽습니다. 갈등 상황에 대한 저의 반응은, 제게 주님의 용서 정신이 얼마나 필요한지를 보여줍니다. 너무 빨리 화를 내는 저를 치료해 주소서. 제가 다른 사람들에게, 저를 대적하는 자들에게까지, 주님의 형상을 보여주길 원합니다.

힘든 상황에 처하기 전에 주님의 거룩하심을 깊이 생각하게 하소서. 제가 주님의 말씀과 주님의 권능으로 그리고 주님의 긍휼로 무장하길 원합니다. 그래서 저의 행실로 주님의 이름을 높여드리길 소원합니다. 제가 주님의 사랑의 유산을 전함으로써 축복을 유업으로 받을 것입니다.

# 의인의 모습으로 살아가게 하소서

오 주여, 제 마음을 살피소서. 제 심령이 의롭고 순전한 모습으로 발견되길 원합니다. 제 삶이 기쁨으로 가득하길 갈망합니다. 역경을 만나면 주님의 축복에 대해 의문을 제기하고 싶은 유혹을 받습니다. 내가 무슨 잘못을 했기에 이런 고통을 당하는 걸까 하고 자책합니다. 그러나 저는 사함받았음을 알고 있습니다. 주님의 은총이 제 죄악을 덮습니다. 이때를 주님의 은총을 의심하기보다는 주님께 더 가까이 나아가기 위한 기회로 삼게 하소서.

오늘의 삶을 통해 제가 무엇을 배우길 원하시나이까? 혼란을 가라앉혀 주소서. 주님의 사랑으로 제 심령을 감동시키소서. 주님의 도우심으로 친구들을 신뢰할 수 있기를 원합니다. 장래의 축복에 대한 증거가 제 삶에 가득하게 하소서. 주님의 은총으로 저를 두르소서. 저의 연약한 마음을 지켜 주소서.

여호와여 주는 의인에게 복을 주시고 방패로 함같이 은혜로 저를 호위하시리이다 _시편 5:12

Opportunity

여호와여 주의 도를 내게 보이시고 주의 길을 내게 가르치소서 주의 진리로 나를 지도하시고 교훈하소서 주는 내 구원의 하나님이시니 내가 종일 주를 바라나이다 시편 25:4-5

## 새로운 길을 맞이하며

하나님 아버지, 하나님은 제게 일어나는 모든 것을 아십니다. 이것이 제 삶의 전환기에 위로가 됩니다. 불안한 마음을 안전에 대한 주님의 약속으로 이겨냅니다. 제 눈을 열어 삶의 굽이굽이에 있는 놀라운 일들을 보게 하소서. 후회와 교만과 그릇된 갈망으로 새로운 길을 시작하여 주님의 기적을 놓치지 않게 하소서. 주님이 저를 위해 길을 여시니, 저는 주만 바라보겠습니다.

저의 육적 영적 눈을 열어 주시기 원합니다. 주님이 주시는 그 아름다운 경치를 보게 하소서. 그 기회의 향기를 맛보길 원합니다. 새로운 길을 맞이할 때마다 염려하지 않고 기대하게 하소서. 주님이 저를 위해 예비하신 것들을 기대합니다.

# 착한 일

주님, 제가 어디서 가장 선한 일을 할 수 있겠습니까? 인도하소서. 제가 섬기길 원하시는 이들에게로 이끄소서. 저는 교회에 헌금을 드리는 것을 핑계로 다른 일들을 무시하곤 했습니다. 주님은 작은 친절의 중요성을 깨닫게 해주셨습니다. 작은 일들이 가장 중요할 수 있다는 점을 이제 깨달았습니다. 제 심령에 정결한 동기를 심어 주소서. 자신의 명성을 위해서가 아니라 순전히 주님께 영광을 돌리기 위해 선한 일을 하게 하소서.

참된 관계를 맺을 수 있도록 도와주소서. 어떤 사람을 하루 동안 또는 한 시간 동안 만날지라도, 그 만남이 주님을 섬기는 기회가 되게 하소서. 이런 기회를 기다렸다가 행동으로 옮기겠습니다.

우리는 기회 있는 대로 모든 이에게 착한 일을 하되 더욱 믿음의 가정들에게 할지니라 _갈라디아서 6:10

할 수 있거든 너희로서는 모든 사람으로 더불어 평화하라 _로마서 12:18

## 평화를 택함

주님, 제 영혼이 주님의 평안을 갈망합니다. 평안을 누리며 다른 이들에게도 전하고 싶습니다. 주님의 평화를 행동으로 증거하는 상황에서, 강하고 담대하게 하소서. 때로는 분쟁이 더 쉽습니다. 그것은 저와 다른 사람 사이에 혹은 저와 올바른 길 사이에 장벽을 세우도록 허용합니다. 그러나 제가 그 장벽의 한편에서 홀로 분개한 채 서 있을 때에는 위안을 얻을 길이 없습니다.

주님의 말씀을 묵상함으로써 방어적이며 성급한 말을 가라앉히길 원합니다. 주님으로부터 제 삶으로 평안이 흘러듭니다. 그 평안은 행동을 변화시키고 무지를 제거합니다. 이 은사를 나눌 기회를 허락하소서.

# 일평생의 기회

저의 스케줄과 직장 생활과 가정사와 영적 행로가 계획대로 진행될 때에는, 주님의 길을 흔쾌히 받아들입니다. 신앙 생활의 보람을 한껏 느끼며 편안해 합니다. 그러나 역경에 직면할 때, 저는 주님이 저를 떠나셨거나 저를 고통스럽게 하신다고 생각합니다. 그건 사실이 아닙니다. 주님은 우리에게 감당할 수 없는 시련을 주시지 않습니다. 하나님, 주님의 적극적인 임재를 자각하도록 도와주소서. 주님의 은총을 가르쳐 주심으로써 다시는 그것을 의심하지 않게 하소서. 주님의 약속을 굳게 붙들게 하소서.

단단히 뿌리 내린 신뢰를 제 속에 심어 주소서. 곤경을 통해 교훈과 힘과 심지어 축복을 얻었던 때를 상기하게 하소서. 장애에 직면할 때마다, 저를 위해 예비된 모든 것을 얻을 기회로 삼길 원합니다.

그가 이르되 그대의 말이 어리석은 여자 중 하나의 말 같도다 우리가 하나님께 복을 받았은즉 재앙도 받지 아니하겠느뇨 _욥기 2:10

Grace

# 은혜
*Grace*

각각 은사를 받은 대로 하나님의 각양 은혜를 맡은 선한 청지기같이 서로 봉사하라 _베드로전서 4:10

## 살아 있는 은혜

"하나님은 신비한 방법으로 역사하신다."고 사람들은 말합니다. 저도 그렇게 말합니다. 하지만 주님, 제 삶을 가만히 살펴보면, 주님이 실제적이고도 구체적으로 그리고 전혀 신비주의적이지 않은 방법으로도 역사하심을 깨닫습니다. 최근에 힘든 일을 당했을 때 어떤 친구가 저를 위로했습니다. 러쉬아워에 간선 도로에서 펑크 난 타이어를 갈아 끼워야 했을 때 어떤 낯선 사람이 도와주었습니다. 비디오 가게 점원이 제 잃어버린 지갑을 찾아서 돌려주었습니다. 돌아보면, 주님의 은혜를 매일 체험하며 살아갑니다.

공감, 친절, 또는 정직과 같은 은사들을 함께 나누는 사람들은 주님의 사랑을 표현합니다. 주님, 제게도 그런 마음이 생길 때, 주님의 인도를 충실히 따르게 하소서. 주님으로부터 받은 귀한 은사들은 주님의 다른 자녀들과 함께 나누기 위한 것임을 알겠습니다. 주님의 은총은 가장 평범한 상황에서, 기대하지도 않는 때에 발견됩니다. 주님의 살아 있는 은혜를 기대하게 하소서.

# 풍성한 구속의 은혜

주님, 영적으로 궁핍해지지 않도록 지켜 주소서. 물질적으로는 아무것도 더 바라지 않습니다. 제게는 먹을 음식과 거주할 집이 있습니다. 가족을 돌볼 생계 수단이 있습니다. 심지어 사치스러울 정도의 풍족함도 맛보았습니다. 하지만 영적인 부를 쌓으려면 지혜가 필요합니다. 구원의 보화들을 깨닫게 해주소서.

주님, 주님의 사랑이 제게 감동과 만족을 줍니다. 제가 그리스도의 희생을 통해 구속함을 받았습니다. 주님의 은혜가 영적 부요함으로 이끕니다. 그 풍성한 은혜로 인해 저의 모든 불의가 가리워집니다. 그리스도가 제 영혼을 피값으로 사셨고, 이로 인해 저는 하나님의 부유한 자녀가 되었습니다.

우리가 그리스도 안에서 그의 은혜의 풍성함을 따라 그의 피로 말미암아 구속 곧 죄 사함을 받았으니 이는 그가 모든 지혜와 총명으로 우리에게 넘치게 하사 _에베소서 1:7-8

너희가 그 은혜를 인하여 믿음으로 말미암아 구원을 얻었나니 이것이 너희에게서 난 것이 아니요 하나님의 선물이라 행위에서 난 것이 아니니 이는 누구든지 자랑치 못하게 함이니라 우리는 그의 만드신 바라 그리스도 예수 안에서 선한 일을 위하여 지으심을 받은 자니 _에베소서 2:8-10

# 내가 이토록 열심히 일하지만

하나님, 저는 정말 열심히 일합니다. 노동의 결실을 둘러보는 저의 이마에는 땀이 맺혀 있습니다. 제가 힘들게 일한 흔적은 도처에 있습니다. 제 손으로 행한 일을 주께 바칩니다. 하지만 주님이 지금 당장 하라고 명하시는 한 가지 일을 제가 거부하고 있습니다. 그것은 무릎을 꿇고서 주님의 은혜를 받아들이는 일입니다. 주님, 그 일이 왜 그토록 힘이 드는지요?

제 심령을 부드럽게 하셔서 주님의 구원의 은혜를 받아들이게 하소서. 주님이 무상의 은혜를 베푸심으로 인해, 저를 위해 예비하신 선한 일들에 제가 자유로이 전념할 수 있습니다. 주님의 은총을 더 깊이 깨닫게 해주소서. 그리고 주님의 은총 가운데 안식할 때 저의 겸비한 영혼을 받아주소서.

# 보좌에 나아감

주님, 제가 신앙의 길을 걷고 있습니다. 기대하는 마음으로 제 팔을 주님께로 폅니다. 주님의 은혜를 부어 주소서. 주님의 은혜가 저를 가득 채우고 넘쳐나게 하소서. 주님, 저는 그 어느 때보다 오늘 더욱 주님을 필요로 합니다. 제 능력을 믿는 잘못된 확신 속에서 여러 달을 배회했습니다. 이제 그 확신이 하나도 남김없이 부서졌습니다. 자그마한 곤경에 처하여, 제 교만이 산산조각나고 저는 먼지 구덩이에 넘겨졌습니다.

주님의 은총을 제 영혼에 불어넣어 주소서. 제 육체가 주님의 은혜를 산소보다 더 의지하게 하소서. 주님의 계획에 따라 제 삶을 재건해 주소서. 오직 그럴 때에만, 제가 담대한 확신으로 주님의 도우심과 은혜를 구하며 주님께 돌아갈 수 있습니다.

그러므로 우리가 긍휼하심을 받고 때를 따라 돕는 은혜를 얻기 위하여 은혜의 보좌 앞에 담대히 나아갈 것이니라 _히브리서 4:16

사랑
Love

피차 사랑의 빚 외에는 아무에게든지 아무 빚도 지지 말라 남을 사랑하는 자는 율법을 다 이루었느니라 _로마서 13:8

## 서로 사랑하라

하나님, 우리 가족, 친구들과의 관계가 새롭게 되기를 기도합니다. 너무 많은 사람들을 상대하다 보니 때로는 각각의 관계가 지니는 독특성과 특권을 간과합니다. 제 생각과 기도를 인도하셔서, 저로 하여금 주님이 만나게 하신 자들에게 필요한 것이 무엇인지를 분별하게 하소서. 어떻게 각자가 그리스도의 몸의 일부인지를 제가 알게 하소서.

제게 격려와 즐거움이 필요할 때, 그런 것들을 제공하는 이들에게로 저를 이끄소서. 저를 위로하고 저를 위해 기도하며 또한 주님의 사랑의 본보기가 되는 이들을 만나게 해주신 주님께 감사드립니다. 어떤 이들과의 관계는 얄팍하고 빈약하며, 또 어떤 이들과의 관계는 깊고 튼튼합니다. 각각의 관계를 돈독히 하는 법을 알 수 있는 지혜를 간구합니다.

# 내 마음을 다하여

주님, 온전히, 철저히 사랑할 수 있는 힘을 주소서. 제가 주춤거립니다. 과감하게 뛰어들어야 할 상황에서 냉담함을 보입니다. 십자가를 보면서, 주님이 제게 가장 깊은 은총을 보여주셨음을 깨닫습니다. 희생, 용서, 구원, 이 같은 완벽한 사랑의 모델을 받아들이고 매일의 삶 속에 적용하도록 도와주소서. 제 사랑의 예물을 받으소서. 주님 앞에 너무나 부족하지만 노력하겠습니다. 주님의 말씀과 본이 되는 삶은 저로 하여금 더 큰 고난을 감수하도록 격려합니다. 주님, 제 마음과 영혼이 온전히 주님께 드려지기까지, 주님을 향한 사랑으로 불태워지길 원합니다.

이스라엘아 들으라 우리 하나님 여호와는 오직 하나인 여호와시니 너는 마음을 다하고 성품을 다하고 힘을 다하여 네 하나님 여호와를 사랑하라
_신명기 6:4-5

주의 인자가 생명보다 나으므로 내 입술이 주를 찬양할 것이라 _시편 63:3

## 생명보다 나음

저의 삶 가운데서 주님의 완벽하신 아름다움을 드러내는 것들이 저는 좋습니다. 푸른 하늘은 평안을 드러냅니다. 굳건한 우정은 주님의 신실하심을 반영합니다. 깊은 행복감은 주님의 기쁨을 암시합니다. 이 같은 삶의 기적들을 주님과 분리해서 생각할 수 없습니다. 주님이 그 모든 것들의 원천이시기 때문입니다. 이 선물들을 소중히 간직할수록, 저를 향한 그리고 모든 피조물들을 향한 주님의 사랑을 한층 더 선명하게 느낍니다.

주님, 다른 좋은 일도 많지만 주님을 찬양합니다. 매순간 이적적인 일들을 통해 주님의 광채가 비칩니다. 온종일 주님을 찬양하길 원합니다. 주님의 사랑보다 더 나은 것은 없기 때문에 제 입술이 주님을 송축합니다.

# 주님이 내 간구를 들으시므로

주님, 굳이 다른 사람의 말을 들을 필요가 없습니다. 주님이 제 간구에 응답하심을 제가 알고 있습니다. 주님께 부르짖음으로써 고통에서 놓여난 사람들에 관한 얘기도 좋아하지만, 그런 사례들이 없어도 저는 확신합니다. 저는 주님의 선하심과 은총을 알고 있습니다. 저도 절망 중에 부르짖은 적이 있습니다. 제가 주님의 관심을 받을 자격이 없다는 생각에 온통 사로잡혔을 때, 주님은 제게 귀를 기울이셨습니다.

가장 암담한 때에 주님이 저를 붙들고, 위로하셨으며, 또한 제 슬픔을 보셨습니다. 주님의 긍휼은 제 영혼의 진통제입니다. 주님의 무조건적인 사랑을 생각하면 눈물이 쏟아집니다. 저는 주님의 은총을 확신할 수밖에 없습니다. 제가 주님께 부르짖을 때 주님이 들어주셨기 때문입니다.

여호와께서 내 음성과 내 간구를 들으시므로 내가 저를 사랑하는도다 그 귀를 내게 기울이셨으므로 내가 평생에 기도하리로다 _시편 116:1-2

*Seeking*

추구
Seeking

이제 너희는 마음과 정신을 진정하여 너희 하나님 여호와를 구하고 _역대상 22:19

## 마음과 정신

주님, 제가 주님의 뜻을 제대로 추구하고 있는지요? 저는 여러 가지 취미 생활에 몰두합니다. 주님께 대한 관심도 그만큼 집요한지요? 저는 서점을 두루 다니며 갖가지 책들을 구해서 읽느라고 많은 시간을 들입니다. 제가 영적 추구를 위해 그 정도의 에너지를 쏟아부었던 때가 언제였던가요? 그렇게 한 지도 한참이 지난 것 같습니다.

주님, 주님을 추구하는 저의 열정이 미지근합니다. 주님과 신앙에 대해 보다 열렬한 관심을 갖길 원합니다. 주님을 온전히 그리고 철저히 추구하는 갈망을 제 영혼에 심어 주소서. 주님에 관한 모든 것을 알고 싶습니다. 주님의 말씀에 갈급합니다. 제 삶을 향하신 주님의 뜻과 주님을 추구하는 일에 제 마음과 정신을 집중하겠습니다.

# 모든 이름 위에 뛰어난 이름

주님, 저는 주님의 이름을 잘 압니다. 슬플 때에 주님의 이름을 나지막이 부릅니다. 두려운 곳에 들어갈 때 주님의 이름을 단단히 붙듭니다. 찬양하는 동안 주님의 이름을 크게 외칩니다. 주님이 주님의 이름을 제 마음에 새기셨으므로 제가 제 영혼의 창조주를 결코 잊지 않을 것입니다. 저 자신을 강하신 주님의 이름으로 감싸기 전에는 아무 데도 가지 않겠습니다.

주님, 제 마음에 의심이 들 때, "그 이름은 기묘자라, 모사라, 전능하신 하나님이라, 영존하시는 아버지라, 평강의 왕이라."는 말씀을 제게 상기시키소서. 주여, 주님은 진실로 제게 그런 분이십니다. 결코 저를 버리지 않고 안전한 곳으로 이끄시는 주님께 간구하길 원합니다.

여호와여 주의 이름을 아는 자는 주를 의지하오리니 이는 주를 찾는 자들을 버리지 아니하심이니이다 _시편 9:10

악인은 그 교만한 얼굴로 말하기를 여호와께서 이를 감찰치 아니하신다 하며 그 모든 사상에 하나님이 없다 하나이다 _시편 10:4

## 하나님을 생각함

주님, 저의 교만한 부분을 지적해 주소서. 주님의 뜻을 행하려 할 때 저를 실족시키는 것이 무엇입니까? 제 삶 가운데서 점점 커지며 영속적인 것으로 자리잡아 가는 장애물들이 주님을 가까이하는 일을 훼방합니다. 설령 고통스러울지라도, 이 장벽을 제거하여 거룩한 삶에 이르게 하소서.

너무 심한 자아 중심성에서 비롯된 무지를 고쳐 주소서. 제 삶만을 주시할 때, 저는 주님이 저를 위해 마련하신 미래를 보지 못합니다. 주님의 자유를 모색해야 하는 상황에서, 근심이 저를 짓눌러 무력하게 만듭니다. 주여, 저의 이기적인 생각을 제거해 주소서. 그런 생각이 주님의 음성을 듣지 못하게 합니다.

# 만인을 위한 공의

주님, 심리를 받길 원합니다. 제 상황을 낱낱이 고하고 재판정의 옹호를 받을 수 있길 원합니다. 하지만 주님, 저의 요청을 들으실 분은 주님이십니다. 주님이 제 영혼과 제 삶의 재판관이십니다. 어찌 제가 다른 주권자들에게 호소하겠습니까? 또한 다른 사람을 함부로 판단하지 않도록 저를 도와주소서. 제가 감히 주님의 자리에 앉을 수는 없습니다.

주여, 다툼이 생길 때 주님의 길로 인도해 주소서. 고소당할 때 지혜와 정직과 용기에 의지하게 하소서. 저로 하여금 죄악을 멀리함으로써 주님의 이름을 욕되게 하지 않게 하소서. 부당한 대우를 받더라도 분노를 터뜨리지 않게 하소서. 주님 앞에서 얻을 사랑의 판결을 기대하면서, 용서와 믿음을 드러내며 살길 원합니다.

주권자에게 은혜를 구하는 자가 많으나 사람의 일의 작정은 여호와께로 말미암느니라 _잠언 29:26

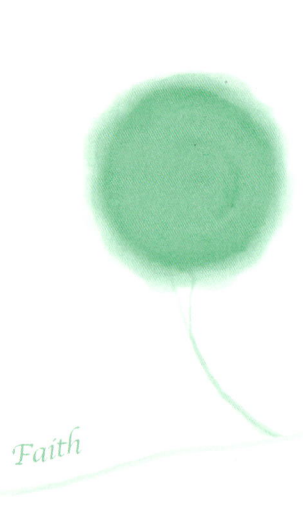

*Faith*

# 믿음
*Faith*

이에 예수께서 저희 눈을 만지시며 가라사대 너희 믿음대로 되라 하신대
그 눈들이 밝아진지라 _마태복음 9:29-30

## 믿음으로 치유됨

주여, 제 심령부터 치유해 주소서. 제 심령이 근심과 스트레스로 인해 쇠약합니다. 이 성전 속에 건강한 영혼을 지으소서. 제 심령을 건강케 하는 일을 소홀히 했습니다. 회복할 수 있는 방법을 알려주소서. 너무나 오래도록 방치한 상처들이 주님의 치유의 손길을 기다립니다. 저의 상흔들을 제거해 주소서. 저의 부서진 곳을 고쳐 주실 주님을 의지합니다.

육체적인 치유가 필요할 때에도 동일한 믿음을 갖게 하소서. 주님이 이 같은 기도를 듣고 응답해 주실 것을 믿습니다. 주님의 다양한 치유 방법들을 제가 깨닫지 못하고 있음을 깨닫도록 도와주소서. 인간의 눈으로는 주님의 은총에 무지할 수 있습니다. 주님, 볼 수 있는 눈으로 회복시켜 주소서. 주님의 손길을 느끼며 "너희 믿음대로 되라."고 말씀하시는 주님의 음성을 듣게 하소서.

# 폭풍에 직면하여

주여, 미칠 듯이 혼란스럽습니다. 언쟁과 근심으로 가득 찬 황망한 날들이 이어지고 있습니다. 사람들 앞에서는 자신 있는 척했지만, 하나님, 그 이면에는 두려움의 암초와 풍랑이 자리 잡고 있음을 주님은 아십니다. 잠시라도 침묵하고 있으면 그런 두려움을 느낍니다. 제가 주님과 함께 하는 조용한 시간을 기피하는 것도 바로 그 때문입니다. 저는 폭풍에 직면하는 것이 두렵습니다.

하나님, 저는 주님을 따라다니면서 믿음에 관한 주님의 여러 가지 설명들을 들었던 제자들과 같습니다. 저는 주님의 비유들을 들었고 주님의 신실하심을 목격했으면서도, 믿음이 없어 "나를 구원하소서."라고 부르짖습니다. 주님의 눈을 응시하게 하소서. 저의 기반을 허물려 하는 풍파를 바라보지 않게 하소서. 풍랑이 가라앉고 고요한 수면 위에서 주님을 뵈올 때, 제가 신실한 종으로 발견되길 원합니다.

바다에 큰 놀이 일어나 물결이 배에 덮이게 되었으되 예수는 주무시는지라 그 제자들이 나아와 깨우며 가로되 주여 구원하소서 우리가 죽겠나이다 예수께서 이르시되 어찌하여 무서워하느냐 믿음이 적은 자들아 하시고 곧 일어나사 바람과 바다를 꾸짖으신대 아주 잔잔하게 되거늘 _마태복음 8:24-26

진실로 너희에게 이르노니 너희가 만일 믿음이 한 겨자씨만큼만 있으면 이 산을 명하여 여기서 저기로 옮기라 하여도 옮길 것이요 또 너희가 못할 것이 없으리라 _마태복음 17:20

## 불가능한 것이 없음

전능하신 주님, 주님의 능력이 제 삶의 일부임을 믿습니다. 이 진리가 믿을 수 없을 정도로 놀랍기 때문에 종종 제가 주님의 크신 능력을 간과합니다. 주님은 자녀들에게 어떻게 그런 능력을 주실 수 있으신지요? 주님은 참으로 놀라우신 분입니다. 역사상으로, 세상 왕들이 자신을 따르는 자들의 희망을 꺾어 버리는 경우가 종종 있었습니다. 그러나 주님은 주님의 나라에 속한 자들을 가능성으로 덧입히십니다.

주여, 믿음이 무엇을 실현시킬 수 있는지 보여주소서. 이 다음에 영적 여정 중에 산과 마주치면, 그 산의 꼭대기로 이끌어 달라고 주님께 부탁드리지 않겠습니다. 대신에, 장애 요인들을 모조리 제거할 수 있는 믿음을 붙들겠습니다.

# 다른 사람들에게 한 약속

저는 약속을 잘 지키고 싶습니다. 주님, 제가 충분히 지킬 수 있는 약속만을 하게 하소서. 저는 좋은 의도에서 갖가지 요구들을 만족시키려고 시도합니다. 하지만 맡은 일과 시간을 철저히 관리하지 못할 때가 많습니다. 단 한 사람이라도 실망시킨 적이 있다면, 저를 용서해 주소서. 주님의 은총 가운데서 제가 죄책감에 눌리며 살아갈 필요는 없지만, 주님과 다른 사람들 앞에서 신뢰받는 존재가 되길 원합니다.

저 자신을 과신하거나 독자적으로 처신하지 않도록 지켜 주소서. 제가 너무 많은 요구 사항들을 떠맡을 때 그렇게 됩니다. 어느 날에는 한 친구와 함께 식사를 하고서 다른 날에는 그의 신뢰를 저버리는 행동을 하지 않도록 지켜 주소서. 관용과 아울러 끝까지 변치 않는 마음을 갖도록 축복해 주소서.

우리는 한 아버지를 가지지 아니하였느냐 한 하나님의 지으신 바가 아니냐 어찌하여 우리 각 사람이 자기 형제에게 궤사를 행하여 우리 열조의 언약을 욕되게 하느냐 _말라기 2:10

*The Future*

# 미래
*The Future*

너희는 이 세대를 본받지 말고 오직 마음을 새롭게 함으로 변화를 받아
하나님의 선하시고 기뻐하시고 온전하신 뜻이 무엇인지 분별하도록 하라
_로마서 12:2

## 주님의 온전하신 뜻

주님, 제가 선택하고 결정해야 할 사항들이 너무 많은 것 같습니다. 주님의 뜻과 방식을 따름으로써 하나님의 자녀에게 약속된 미래를 놓치지 않길 원합니다. 주님, 제 마음을 변화시키소서. 영원한 중요성을 지닌 문제들을 우선시하게 해주소서.

저는 의미 있는 삶을 몹시 갈구합니다. 그러나 심지어 기도하는 중에도, 불안의 물결이 저를 엄습할 수 있습니다. 제게는 주님이 원하시는 목표로 매진할 여력이 남아 있지 않습니다. 난잡하고 사소한 일들에 연연하지 않게 하소서. 제 삶과 제 마음과 정신이 주님의 성령의 도구가 되길 소원합니다.

# 염려에서 벗어나게 하소서

주님, 주님은 범사에 제 힘의 근원이십니다. 주님의 강한 손길이 제 삶에 미친다는 사실을 어찌 잊겠습니까? 오늘, 제 마음과 생각을 사로잡고 있는 많은 것들을 주님께 맡깁니다. 저를 붙드는 염려들을 주님께 맡기도록 도와주소서. 이 염려들은 저를 위해 주님이 계획하신 삶을 훼방합니다. 반면에 주님의 은총은 저를 위로합니다. 주님의 사랑은 제 힘의 원천이며, 저의 미래입니다.

주님, 오늘 지금 이 순간에, 저를 억누르는 곤경 가운데서 저를 만나 주소서. 때로는 제가 도우심을 간구하거나 연약함을 인정하기가 힘들 때도 있습니다. 그러나 제 영혼은 지쳤고, 저는 무거운 짐을 주님께 맡기고 싶습니다. 주님은 강하고 신실하신 하나님이십니다. 오늘 그리고 날마다 제 기도를 들어주시니 감사합니다. 제가 주님께 간구하므로 제 영이 힘을 얻습니다. 주님을 사랑합니다.

너희 중에 누가 염려함으로 그 키를 한 자나 더할 수 있느냐 그런즉 지극히 작은 것이라도 능히 못하거든 어찌 그 다른 것을 염려하느냐 _누가복음 12:25-26

나 여호와가 말하노라 너희를 향한 나의 생각은 내가 아나니 재앙이 아니라 곧 평안이요 너희 장래에 소망을 주려 하는 생각이라 _예레미야 29:11

## 소망과 장래

제 컴퓨터에 입력해 둔 과제 목록이 어느 정도 저의 내면을 반영합니다. 주님, 앞으로 무슨 일이 어떻게 일어날지를 알고 싶습니다. 예상치 못한 일이 일어나지 않길 바랍니다. 미지의 문제들이 염려됩니다. 주님, 장래에 대한 비관적인 시각을 고쳐 주소서. 온 세상과 제 생명의 창조주이신 주님을 제가 제대로 신뢰하지 않는다는 것은 너무 근시안적인 태도입니다.

저의 근심을 진정시켜서 저로 하여금 주님의 말씀을 받아들이게 하소서. 주님의 계획은 저를 해치려는 것이 아니라 번성케 하는 것입니다. 저의 불안한 마음을 안전에 대한 확신으로 바꿔 주소서. 저의 과제 목록을 감사 기도로 시작하고 마감하길 원합니다.

# 자신과의 대화

제가 과거의 자아와 현재의 자아 그리고 미래의 자아와 대화할 수 있다면, 한 가지 분명한 진리를 발견할 것입니다. 그것은 바로 주님의 사랑이 늘 저와 함께한다는 것입니다. 제 일생을 돌아보면 주님의 신실하심을 증거하는 이야기들로 가득합니다. 때로는 제가 천상으로부터 멀어짐으로써 주님의 사랑을 측정해 보려고 했습니다. 때로는 주님의 진리를 의심함으로써 주님의 사랑을 외면하려고 했습니다.

하지만 주님의 사랑은 여전했습니다.

제 장래에 관해 많은 의문을 품고 있지만, 제 삶을 돌아본 후에는 한 가지가 분명해졌습니다. 그것은 바로 저의 심령이 창조주의 사랑에서 결코 끊어지지 않을 것이라는 사실입니다.

---

내가 확신하노니 사망이나 생명이나 천사들이나 권세자들이나 현재 일이나 장래 일이나 능력이나 높음이나 깊음이나 다른 아무 피조물이라도 우리를 우리 주 그리스도 예수 안에 있는 하나님의 사랑에서 끊을 수 없으리라 _로마서 8:38-39

*Miracles*

# 이적
*Miracles*

모든 사람이 놀라 하나님께 영광을 돌리며 심히 두려워하여 가로되 오늘 날 우리가 기이한 일을 보았다 하니라 _누가복음 5:26

## 기이한 일

주님, 제 삶이 전혀 특이하지 않다고 생각했음을 고백합니다. 아침에 일어나서 일하러 가고, 좋은 친구와 충실한 가족 구성원이 되려고 노력합니다. 그러나 특이한 일은 전혀 일어나지 않습니다.

주님, 용서해 주소서. 호흡한다는 것이, 살아 있다는 것이 얼마나 기이한 일인지를 제가 망각했습니다. 참된 기쁨의 특권마저 간과하기도 했습니다. 제 상처를 싸매시는 주님의 긍휼로 인해 제가 놀랐던 적이 과연 얼마나 많을까요? 주님이 설계해 주신 미래를 향해 매일 나아가는 것 자체가 이적적인 일입니다. 오늘 제 삶 가운데서 기이한 일을 행하시는 주님을 찬양합니다.

# 세상에 전하라

세상 도처에서 그리고 모든 시대에 걸쳐 수많은 세력들이 주님의 이름을 전하지 못하게 하려 했습니다. 그러나 주님의 이름과 구원의 복음은 대륙들을 넘어 사람들의 심령으로 줄곧 전해집니다. 초대 교회 당시의 제자들은 주님의 권능으로 행해진 이적들을 언급하지 말라는 경고와 위협을 받았습니다. 하지만 그들은 직접 보고 들은 것을 말하지 않을 수 없다고 했습니다. 그들은 위험을 무릅쓰고서 주님을 증거했습니다.

제 믿음을 자유롭게 전할 수 있다는 사실로 인해 감사드립니다. 저는 제가 경험해 온 이적적인 사랑에 관해 자유롭게 말할 수 있습니다. 이 축복을 잘 활용할 수 있게 해주소서. 주님의 놀라운 이적에 대해 침묵하지 않고 담대히 증거하는 제자가 되게 해주소서.

이 사람들을 어떻게 할꼬 저희로 인하여 유명한 표적 나타난 것이 예루살렘에 사는 모든 사람에게 알려졌으니 우리도 부인할 수 없는지라 이것이 민간에 더 퍼지지 못하게 저희를 위협하여 이후에는 이 이름으로 아무 사람에게도 말하지 말게 하자 하고 _사도행전 4:16-17

너희에게 성령을 주시고 너희 가운데서 능력을 행하시는 이의 일이 율법의 행위에서냐 듣고 믿음에서냐 _갈라디아서 3:5

## 내가 믿기 때문에

주님, 저는 주님을 믿고 신뢰합니다. 성경에 기록된 이적들을 읽을 때 이 같은 믿음이 기초가 됩니다. 하지만 그 이적들 이면의 권능은 그 당시나 우리 시대의 사람들이 헤아릴 수 있는 범위를 넘어선 것입니다. 저 역시 인간과 자연의 법칙을 넘어선 주님의 기사들을 제 유한한 머리로 이해하려고 애를 쓸 때가 있음을 고백합니다.

주님의 이적에 대해 읽거나 들을 때, 추가적인 설명을 찾으려 하는 충동을 억제하겠습니다. 제가 듣고 읽은 것을 그대로 믿도록 도와주소서. 그런 문제에 대한 분별력을 제게 주셔서, 오늘날에도 주님의 성령이 역사하심을 나타내는 표적들을 온전히 받아들이게 하소서.

# 신앙의 자세

주님, 저의 불신을 치유해 주소서. 신앙의 자세는 주님의 기사들을 받아들임입니다. 제 믿음이 부족한 것으로 인해 주님이 제 삶 가운데서 이적을 행하심에 있어 방해를 받지는 않으시는지요? 때로 제 모습은 무척이나 냉소적입니다. 세상이나 제가 사는 도시나 제 가족 또는 저 자신의 상태에 대해 낙심합니다. 거기서 그치지 않고 이 같은 감정이 제 신앙에 영향을 미칩니다.

주님, 제 심령이 더 이상 감염되지 않게 해주소서. 제게 신앙적인 자세를 회복시켜 주소서. 저를 격려해 줄 그리고 냉담해진 마음을 지적해 줄 사람들을 만나게 하소서. 저는 믿음으로 충만하길 원합니다. 기꺼이 이적을 받아들이길 원합니다.

저희의 믿지 않음을 인하여 거기서 많은 능력을 행치 아니하시니라 _마태복음 13:58

*Abundance*

# 풍성함
*Abundance*

사람들은 주의 두려운 일의 세력을 말할 것이요 나도 주의 광대하심을 선포하리이다 저희가 주의 크신 은혜를 기념하여 말하며 주의 의를 노래하리이다 _시편 145:6-7

## 주님의 선하심을 선포함

주님, 주님의 놀라운 일들은 어디에나 있습니다. 주님의 은혜가 여러 경로를 통해 전해지지만 그 출처는 오직 주님이십니다. 주님의 위대하심을 담대히 선포할 수 있도록 제 심령을 강하게 하소서. 주님을 증거하는 일을 제가 부끄러워할 수도 있습니다. 때로는 저의 믿음을 언급하는 것이 자기 의를 내세우는 듯이 보이기도 합니다. 주님, 언제나 진리를 말하도록 제 심령을 이끌어 주소서. 제 말이 강요된 것이 아니라, 모든 은총의 근원이신 주님으로부터 자유롭게 흘러나오는 것이게 하소서.

제가 다른 이들에게 주님을 증거할 때, 그들을 도우사 주님의 풍성하신 사랑과 은총을 발견하여 찬양하게 하소서. 주님의 의를 노래하길 원합니다. 복음을 들을 필요가 있는 자들에게로 제 걸음을 이끄소서. 그리고 분주한 생활 중에 깜박 잊을 때에도, 오늘 마음속 깊이 느끼는 이 기도와 찬양을 제게 상기시켜 주소서.

# 궁핍하든지 풍부하든지

궁핍할 때나 풍부할 때나 주님의 손이 저를 이끄셨습니다. 저를 인도하시며 제 힘의 근원이 되시는 주님께 감사드립니다. 제가 궁핍 속에서 새로운 기회를 모색할 때, 주님의 길을 따랐습니다. 풍성한 날들에는 주님의 인도를 따름으로써, 제가 받은 축복을 경건하게 잘 관리할 수 있었습니다. 세상 사람들의 눈에는 제 신분이 변한 것으로 보일 수도 있지만, 주님과 저와의 관계는 여전합니다.

주여, 만족하는 법을 가르쳐 주소서. 제가 물질적으로 부유할 때에도, 여전히 영적인 부요를 갈망합니다. 곤경에 처할 때에는, 주님의 인도를 따라 소망을 발견하길 원합니다. 주님의 능력으로 말미암아 제가 모든 것을 할 수 있고 모든 상황에서 생존할 수 있습니다.

---

내가 비천에 처할 줄도 알고 풍부에 처할 줄도 알아 모든 일에 배부르며 배고픔과 풍부와 궁핍에도 일체의 비결을 배웠노라 내게 능력 주시는 자 안에서 내가 모든 것을 할 수 있느니라 _빌립보서 4:12-13

자기의 토지를 경작하는 자는 먹을 것이 많거니와 방탕한 것을 따르는 자는 지혜가 없느니라 _잠언 12:11

## 실현된 꿈

제가 궁핍한 처지에 놓였습니다. 반짝이는 것마다 제 눈길을 사로잡습니다. 풍족하게 살아가는 사람이 지나가면, 부러워하는 눈으로 보게 됩니다. 주여, 제 앞에 놓인 일에 집중하게 해주소서. 제 삶의 중요하고 소중한 여러 일들로 저의 관심과 의지를 다시 돌이키게 하소서.

제가 바라는 일을 꿈꾸는 중에 암담한 생각에 빠져들 때, 저를 돌이키셔서 주님으로부터 받은 풍성한 날에 충실하게 해주소서. 제게는 가족과 친구와 건강이 있고 또한 주님이 계십니다. 오늘 제게 주어진 일이 실제적인 보상을 가져다줄 것입니다. 그것은 물질적인 즐거움일 뿐만 아니라, 만족, 성취감, 공헌, 의미, 목적과 같은 내면적인 보물도 포함합니다. 주여, 제가 계속 꿈을 꾸겠지만, 이미 실현된 꿈을 기초로 살아가겠습니다. 그것은 바로 주님의 무조건적인 사랑입니다.

# 내 것은 다 주님의 것

제가 만든 것은 모두 주님의 것입니다. 제가 생각해 낸 최상의 개념들은 바로 하늘로부터 내려온 만나입니다. 제가 짓고 있는 삶은 주님께 속한 성전입니다. 모든 것을 주님께 드리며 모든 선한 것들의 근원이 주님이심을 깨닫길 원합니다. 우리 가족을 바라보면서, 저는 그들이 주님의 선물임을 자각합니다.

주님, 소유에 대한 힘겨운 집착에서 벗어나게 해주소서. 제게 맡겨진 책임을 충실히 이행해야 하지만, 무엇이든 제 것으로 여기지는 않게 하소서. 제가 원하고 필요로 하는 것에 집착하지 않게 해주소서. 주님이 모든 것의 주인이심을 앎으로써 평안해지길 원합니다. 축복은 주님의 손으로부터 비롯되며, 저는 모든 것을 주님의 손에 돌려드리겠습니다.

우리 하나님 여호와여 우리가 주의 거룩한 이름을 위하여 전을 건축하려고 미리 저축한 이 모든 물건이 다 주의 손에서 왔사오니 다 주의 것이니이다 _역대상 29:16

*Provision*

# 공급
*Provision*

오늘날 우리에게 일용할 양식을 주옵시고 _마태복음 6:11

## 일용할 양식

주님, 저의 하루를 모두 주님께 드립니다. 매일의 삶을 주님의 영광을 위한 제물로서 겸손히 올립니다. 이 빈 그릇은 힘과 용기와 소망과 축복으로 채워질 것입니다. 주님이 제게 생명을 베푸시며 또한 저의 일용할 것들을 공급하시는 분임을 다른 사람들로 하여금 보게 하소서. 생명의 떡이신 주님은 주님의 자녀들을 굶주리게 하지 않으십니다.

아무것도 없었던 제가 이제 은총으로 가득합니다. 마른 땅이 무성한 초지로 변했습니다. 제가 풍성한 축복 가운데서도 만족하지 못하고 더 많은 것에 갈급해 할 때, 주님으로부터 받은 일용할 양식으로 충분하다는 사실을 상기시켜 주소서. 주님의 은혜로우신 은사들로 제 심령을 열어 주소서. 주님께 드리는 제 날들이 주님 눈에 흡족한 것이길 소원합니다.

# 기력 회복

인생 여정 중에 지칠 때도 있습니다. 종종 주님이 저를 업고 가십니다. 힘든 곳을 지날 때 저는 무익한 존재라는 생각을 갖기도 합니다.

이 힘든 시기에 저는 뒤돌아봅니다. 주님이 여러 차례 부어 주셨던 회복의 소낙비를 돌아봅니다. 제가 회의에 빠졌을 때 주님은 소망스러운 기회를 제공해 주셨고, 자상하신 배려로 저를 겸손케 하셨고, 저의 나쁜 태도를 바로잡아 주셨습니다. 주님의 풍성한 사랑이 제게 넘쳤습니다. 주님의 도우심으로 제 삶을 회복했습니다. 저는 계속 걸어나가며, 제 앞을 가로막을 수 있는 기근을 더 이상 두려워하지 않습니다.

하나님이여 흡족한 비를 보내사 주의 산업이 곤핍할 때에 견고케 하셨고 주의 회중으로 그 가운데 거하게 하셨나이다 하나님이여 가난한 자를 위하여 주의 은택을 준비하셨나이다 _시편 68:9-10

네가 이 세대에 부한 자들을 명하여 마음을 높이지 말고 정함이 없는 재물에 소망을 두지 말고 오직 우리에게 모든 것을 후히 주사 누리게 하시는 하나님께 두며 선한 일을 행하고 선한 사업에 부하고 나눠 주기를 좋아하며 동정하는 자가 되게 하라 _디모데전서 6:17-18

## 나누는 삶

주식 시장의 흐름을 누가 정확히 꿰뚫을 수 있겠습니까? 저는 혼란을 느낍니다. 부를 추구하는 경쟁에서 뒤처진 느낌입니다. 이제는 이웃 사람들에게 지지 않으려고 허세를 부리는 정도를 넘어섰습니다. 누구나 영화 스타나 컴퓨터계의 거물이 되길 원합니다. 주여, 이 부패한 순환 고리에서 벗어나도록 도와주소서. 다른 사람들을 향한 사랑에 부요하게 하소서. 저의 갈망을 주님께로 그리고 영적 부요로 되돌려 주소서.

주님, 제게는 충분한, 더 나아가 풍족한 재물이 있습니다. 선한 청지기와 충실한 종의 길을 제게 가르쳐 주소서. 주님을 향한 마음에 따라 제 돈을 쓰게 하소서. 저의 축복을 다른 사람들과 나누게 하소서. 주님이 풍성하게 주셨으므로, 저는 주님의 뜻을 따라 투자하길 원합니다.

# 삶의 열매

지난 세월 동안 많은 일들에 몰두해 왔습니다. 서글프게도, 그 중에는 유행따라 지나가 버린 것들도 있습니다. 이를 통해 많은 것을 배웠습니다. 제가 진정으로 헌신할 대상은 주님뿐이십니다. 주님을 사랑하는 단계 그 너머로 들어서게 하소서. 그것은 곧 주님을 따르는 단계입니다.

제 속에 관대한 성품을 조성하소서. 열심히 일하며 호의를 베풀기를 원합니다. 주님의 은혜의 씨앗들로 하여금 비옥한 제 마음 밭에 떨어져서 영예로운 수확을 거두게 하소서. 제가 주님의 도우심으로 줄곧 은혜로운 결실을 맺기를 원합니다. 주님을 기쁘시게 하고 다른 이들에게 유익을 주는 삶을 살기 원합니다. 저를 주님의 길로 이끄시며 제 심령을 헌신의 의지로 불타게 하소서.

또 우리 사람들도 열매 없는 자가 되지 않게 하기 위하여 필요한 것을
예비하는 좋은 일에 힘쓰기를 배우게 하라 _디도서 3:14

# 완성

## 사랑으로 온전해짐

주님, 주님이 제 속에서 행하시는 선한 일은 저 혼자만을 위한 것이 아닌 줄로 압니다. 그것은 더 큰 목적을 지니고 있습니다. 주님의 모든 자녀들이 서로 사랑할 때, 우리의 삶은 함께 거룩해집니다. 진정으로 제 이웃을 자신처럼 사랑하도록 도와주소서. 살아가면서 접하는 모든 이웃을 보면서, 저는 우리 각자를 향하신 주님의 계획을 생각합니다.

주님, 제가 다른 사람을 마주할 때, 그들을 통해 반영되는 하나님의 형상을 보게 해주소서. 그들의 특별한 은사들

One Minute Prayers

을 보여주소서. 그들의 마음을 이해할 수 있게 해주소서. 그들을 통해 하나님의 얼굴을 떠올리길 원합니다. 주님과 동행함으로써 사랑이라고 하는 선한 일을 온전히 이루게 하소서.

어느 때나 하나님을 본 사람이 없으되 만일 우리가 서로 사랑하면 하나님이 우리 안에 거하시고 그의 사랑이 우리 안에 온전히 이루느니라 _요한일서 4:12

# 사명선언문

너희가 흠이 없고 순전하여······세상에서 그들 가운데 빛들로
나타내며 생명의 말씀을 밝혀 _ 빌 2:15-16

### 1. 생명을 담겠습니다
만드는 책에 주님 주신 생명을 담겠습니다.
그 책으로 복음을 선포하겠습니다.

### 2. 말씀을 밝히겠습니다
생명의 근본은 말씀입니다.
말씀을 밝혀 성도와 교회의 성장을 돕겠습니다.

### 3. 빛이 되겠습니다
시대와 영혼의 어두움을 밝혀 주님 앞으로 이끄는
빛이 되는 책을 만들겠습니다.

### 4. 순전히 행하겠습니다
책을 만들고 전하는 일과 경영하는 일에 부끄러움이 없는
정직함으로 행하겠습니다.

### 5. 끝까지 전파하겠습니다
모든 사람에게, 땅 끝까지, 주님 오시는 그날까지
복음을 전하는 사명을 다하겠습니다.

# 서점 안내

**광화문점**  서울시 종로구 새문안로 69 구세군회관 1층
02)737-2288 / 02)737-4623(F)

**강남점**  서울시 서초구 신반포로 177 반포쇼핑타운 3동 2층
02)595-1211 / 02)595-3549(F)

**구로점**  서울시 동작구 시흥대로 602, 3층 302호
02)858-8744 / 02)838-0653(F)

**노원점**  서울시 노원구 동일로 1366 삼봉빌딩 지하 1층
02)938-7979 / 02)3391-6169(F)

**일산점**  경기도 고양시 일산서구 중앙로 1391 레이크타운 지하 1층
031)916-8787 / 031)916-8788(F)

**의정부점**  경기도 의정부시 청사로47번길 12 성산타워 3층
031)845-0600 / 031)852-6930(F)

**인터넷서점**  www.lifebook.co.kr